叶媛媛@地铁女声叶子◎著

声动人心

声音形象的
11堂训练课

清華大學出版社
北京

图书在版编目（CIP）数据

声动人心：声音形象的 11 堂训练课 / 叶媛媛 @ 地铁女声叶子著 . —北京：清华
大学出版社，2021.7

ISBN 978-7-302-58370-7

Ⅰ . ①声… Ⅱ . ①叶… Ⅲ . ①语言艺术 Ⅳ . ① H05

中国版本图书馆 CIP 数据核字 (2021) 第 113659 号

责任编辑：顾 强
封面设计：汉风唐韵
版式设计：方加青
责任校对：王凤芝
责任印制：杨 艳

出版发行：清华大学出版社
　　　　网　　　址：http://www.tup.com.cn，http://www.wqbook.com
　　　　地　　　址：北京清华大学学研大厦 A 座　　邮　　编：100084
　　　　社 总 机：010-62770175　　　　　　　邮　　购：010-62786544
　　　　投稿与读者服务：010-62776969，c-service@tup.tsinghua.edu.cn
　　　　质 量 反 馈：010-62772015，zhiliang@tup.tsinghua.edu.cn
印 装 者：三河市国英印务有限公司
经　　销：全国新华书店
开　　本：148 mm×210 mm　　　印　　张：7.75　字　数：185 千字
版　　次：2021 年 7 月第 1 版　　　印　　次：2021 年 7 月第 1 次印刷
定　　价：65.00元

产品编号：091211-01

英国诗人威廉·柯珀曾经说过："声音能引起心灵的共鸣。"很多人都想拥有一开口便能打动人的"好声音"，但是在生活中却常常面临这样一些问题：

声音过于尖细、高亮，给人一种不专业的感觉；

说话不够流畅，没有节奏，说的人滔滔不绝，听的人却一脸茫然，根本不知道对方在说什么；

地方口音过于浓重，普通话发音不准，不敢与他人过多交谈，生怕被别人瞧不起；

经常高强度用嗓，却用着错误的护嗓方法，造成嗓子严重受损；

说起话来结结巴巴、断断续续，不仅不能表达自己的观点，还错失了很多机会；等等。

这些问题都是不会科学发声导致的。使用错误的发声方式，不仅不能拥有动听的声音，还有可能因此损坏喉咙等发声器官。

我的声音也不是天生就这么好听的，小时候，声音对我来说是一个弱项。同龄的小朋友都是那种铜铃般的声音，可我的声音就有些沙哑。这导致小时候的我完全不敢开口唱歌，更不敢在人前表演。那个时候的我也根本不会想到，未来的自己会从事主持人这个职业。

也正是由于我的嗓音天生比较粗，所以我从小到大都是学校里的文体委员。文体委员的职责就是每天早操的时候整理队形，大声地喊"一、二、一"，每天都要重复很多遍。

进入大学之后，有一次老师对我说，"叶子，你的声音条件太棒了，简直就是老天赏饭吃。"起初听到这话时，我都惊呆了。我几乎是在别人的嘲笑声中长大的，怎么可能具备良好的声音条件呢？老师说我是天生的宽音大嗓，一定是小时候专门地训练过。我自知没有专门受过声音方面的训练，后来经老师分析我才明白，是小时候喊早操的经历，无形之中让我进行了练声。

所以就算是一个普通人，如果能够每天坚持，不断地去练习自己的声音，好声音也是能练出来的。

也正是很多年的这种积累，当 2013 年河南郑州要开通第一条地铁，在全省范围内寻找地铁报站女声的时候，我报了名，并且对此进行了精心的准备。经过层层选拔，最终我贡献了郑州市第一条地铁的官方报站女声。

这在此后带给我很多的机会以及很多的光环。那时我就想，其实我是一个非常普通的女生，就是因为从小声音条件并不是特别好，然后误打误撞，在喊操的这个经历中练就了一副好嗓子，后来考上了播音主持院校，顺利进入河南广播电台工作，现在又贡献了郑州地铁的官方报站女声。

这一路，的确是声音改变了我的命运。回顾我一路走来的过程，虽然饱受争议，也曾失落、彷徨，但最终我坚持了下来。

那对于大多数人来说，声音到底能不能改变自己的命运呢？我想应该是可以的。只要我们能够声声入耳，声声入心，就能够在人与人的交往过程当中，用声音来俘获别人的心，用我们说话的内容拉近人与人之间的距离。

就好比人的五官虽然很难通过外力改变，但我们可以借助减肥、健身、保养等方法使自己的身材与气质发生改变。声音也是如此，即便音色很难改变，但通过不断优化发声方法，勤加练习，也可以让声音脱胎换骨。

当我成为好声音的受益者之后，我希望身边更多的人可以发出温暖的好声音。因为我觉得，每一个人的声音都值得被聆听，被听见，每一个人都有表达自己的权利，也应该让自己一开口就受到众人的喜爱。

因此，我决定把我认为的一些好的练声方法和从业多年来总结的经验分享给读者，让普通人也能够通过改变自己的声音，通过修炼自己的语言面貌，改变自己的人生轨迹。这是我创办"叶子好声音"课程的原因，也是我撰写本书的初衷。

本书一共包括十一课的内容。

第一课对"好声音"这一概念进行了详细的阐述，旨在消除练声者对"好声音"的错误认知，让练声者在学习练声方法之前，先明确练声目标；

第二课至六课，教导练声者如何正确发声，是基础练声知识的讲解，旨在帮助练声者学会基础的发声方法；

第七、八课，教导练声者在学会发声的基础上，如何让自己的声音更动听，旨在帮助练声者美化嗓音，使自己的发声更上一个台阶；

第九课至十一课，是声音在日常生活、工作中的实战运用训练，包括发声礼仪、朗读要领和声音变现渠道等，旨在让练声者将学到的理论知识运用到实践中，真正做到"学以致用"。

本书具有以下特色：

1. 内容详尽，实用性强

本书针对声音练习的各个方面都做了详尽的介绍，细致到声母、韵母的正确发音方法。理论知识和实际运用方法相结合，融入了大量作者的亲身体验和感悟，帮助读者更好地练声。

2. 语言精练，可读性强

本书内容较多，也十分详尽，但语言简练，结构紧凑，充实而不拖沓，满满都是干货，并且采用大量配图、配表，便于读者学习理解，可读性很强。

3. 大量案例，通俗易懂

许多同类书在写作时过于偏重理论，难免有些枯燥乏味，甚至有部分内容难以理解。本书在写作过程中，插入了大量的案例（包括音频案例），便于读者在学习理论知识的同时配合案例练习，理论与实际相结合，活学活用，加深理解。

希望本书对你练就好声音能有所帮助，这于我而言也是一件极其幸福的事情！

叶　子

目录

第二部分
美化声音：打磨声音，练就动人嗓音 🔊

第7课 三腔共鸣：让你拥有专业的音色 / 122

第8课 声音弹性：打造你的声音名片 / 139

第三部分
实战运用：让你的声音产生影响力

第 9 课　教你一开口，就 HOLD 住全场 / 164

第一部分

科学练声：

掌握发声秘密，展现声音魅力

第1课
好声音，总能打动人心

俗话说，"声音是人的第二张脸"，一个人的身份、修养、学识，都会从声音中流露出来。在如今这个人人都能发声的时代，拥有能够打动人心的声音，就好比拥有了一张能吸引人关注的名片，帮助练声者叩开成功的大门。

◁» 1.1　一开口，你就声动人心

你曾经是否也在那么一瞬间，被某个好听的声音荡起了心中的涟漪？这是一个聆听的时代，好听的声音往往宛若灵透的清泉流淌人心间。

1.1.1　声音，你的第二颜值

有人说，这是一个看颜值和才华的时代。给人的第一好印象可能是源于姣好的面容，但真正吸引对方，还是要靠个人魅力。个人魅力体现在言谈举止中，通过"声音"传递，它包含优美的听觉感受和深刻、有思想的表达内容。

在现实生活中，大多数人都是"声音控"。我们对动人声音的喜爱体现在社交、恋爱、工作等方方面面。

1. 社交中的"声音控"

曾经在知乎上看到一个讨论声音的话题，其中一个人讲述了她自己的亲身经历，让人印象深刻。她说："我第一次用 APP 玩狼人

杀①的时候，一开口说话就被别人投出去了，我很不能理解，后来他们竟然跟我说，因为你的声音太有'杀伤力'了，从那以后，我再也没有玩过狼人杀……"

"有的人看他第一眼你可能觉得是个'王者'，但当他开口，你会发现原来他只是一个'青铜'。"虽然此话带点调侃的意味，却形象地阐释了声音的重要性。

2. 恋爱中的"声音控"

网易的一个专业数据团队曾经做过一项关于"00后"②与异性相处的数据调查，其中包含"00后"女性择偶"外貌"（分外貌和性格，此处外貌包含声音）影响因素及其所占百分比情况和"00后"男性择偶"外貌"影响因素及其所占百分比情况。图1-1为"00后"女性择偶的影响因素与影响程度。

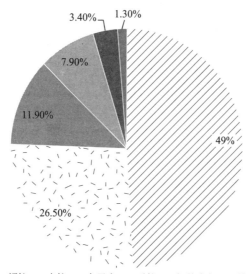

图1-1 "00后"女性择偶影响因素与影响程度

---

① 狼人杀：一款多人参与的策略类桌面游戏。

② 00后：指2000年及以后出生的人。

图 1-2 为 "00 后" 男性择偶外貌的影响因素与影响程度。

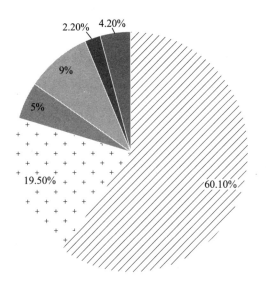

图 1-2 "00 后"男性择偶影响因素与影响程度

经过大量的调查研究发现:在相亲过程中,"00 后"男性和女性在择偶过程中,受外貌中的颜值因素影响最大,其次是声音。

其实,不仅仅是"00 后",在人类普遍的择偶选择中,大多数男性希望自己的另一半更具有女性化的声音,大多数女性则希望自己的另一半更具有男性化的声音。

早期的声音研究学者萨拉·柯林斯和后期的戴维·芬伯格经过对人类声音审美的研究发现,女人认为音调低的男声好听,男人觉得音调高的女声好听。这也表明了人类在择偶时对声音的普遍审美观。

3. 工作中的"声音控"

在工作中,大家普遍认为,拥有浑厚低沉男声的人会更加称职,更可信，更具领导力。

美国杜克大学的科学家选定 792 位上市公司的 CEO，通过控制其他影响变量不变的情况下，对这些 CEO 的声音进行比对分析。研究发现，男性 CEO 的嗓音与其领导力等工作成就有着巨大的联系。男性声音越低沉，他们越可能执掌大公司，而且也越有可能获得更大的利益，他们的嗓音每降低 22.1 赫兹，其公司的营收就会增加 4.4 亿美元。

不仅是针对男性，女性低沉的声音也是赢得职场领导力的法宝。低沉的女性声音代表着成熟与理性，在职场中往往更具有说服力。

不论是在社交场合、职场，还是选择恋爱对象，声音都在无形之中深刻影响着我们，且居于重要地位，可以说声音就是我们的第二颜值。

1.1.2 微笑是情绪的保健操，是声动人心的法宝

字如其人，文如其人，其实也可以说声如其人。声音能传达情绪，我们要说的不是冷冰冰的文字，而是有温度的话，能治愈人心的话。

做客服工作的人对于这一点可能更有感触。远距离的通信输出，原本以为不需要面带微笑地接听电话，但你的情绪常常在电话那端暴露无遗。很多客服工作者接到的投诉多数是由服务态度不好而引发的。俗话说，"巴掌不打笑脸人"，控制好自己的情绪，面带微笑的对话往往给人一种亲和力，可以缩短人心之间的距离，为深入的沟通与交流创造和谐的氛围。

微笑发声的重要作用具体体现在哪些方面呢？首先，在科学的发声方式中，打开口腔的重要一步就是提颧肌，提颧肌后的发声能

让我们提高声音的亮度和清晰度，交流中，清晰的表达是基础；其次，微笑发声表现出你的心境良好，向外传达你的心境——乐观向上、善待人生、充满自信、真诚友善，从而充满魅力，让人能真正地产生信任感，在交流中更加自然与放松；最后，当你的声音"微笑"时，对方也会报以微笑。

1.1.3　那些声动人心的案例

现实生活中我们被很多优质的声音征服。在很多专业声音领域，哪怕我们不曾熟悉"声音"大咖的面孔，但其声音却深深地根植于我们的脑海中。

1. 配音演员声动人心的声音

配音演员的声音孕育了万千角色，用声音传递情感，用声音塑造角色，用另外一种方式来演绎角色，成就角色。

知名男性配音演员边江，被誉为"男神御用配音"，承包了霍建华、陈伟霆、钟汉良等一众国产剧高颜值男演员的声音，用声音征服了观众；另一位女配音演员季冠霖，凭借优质的嗓音和扎实的台词功底塑造了众多广为人知的声音形象，以多变的声线赋予角色鲜明的性格，在《神雕侠侣》中为刘亦菲版的小龙女配音，声音清澈透亮无杂质，与角色的清冷玉女形象完美贴合；《甄嬛传》中孙俪饰演的角色声音也是由其完成，其中的感情拿捏、火候把握、欲语还休的心态都在声音里展现得淋漓尽致。

提起动漫界的配音演员李杨，人们可能很陌生，但说到《西游记》里的孙悟空，人们一定都非常熟悉。孙悟空疾恶如仇、不畏艰险的形象深入人心，而李杨老师就是后 20 集孙悟空的配音演员，他就是我们眼中上天入地、无所不能的大圣的幕后演绎者。另外一个给人带来无数欢乐的经典角色——唐老鸭，也是李杨老师的杰作。

除了幕后配音员，很多演员都展现了高超的配音功底。韩雪与张含韵在综艺节目《声临其境》中合作演绎的作品《后妈茶话会》也展现了超强的声音塑造能力，流利的英文台词、人物多变的情绪，甚至连其中角色的呼吸节奏都拿捏准确，精湛的配音技术与实力让人惊叹。

2. 主持界声动人心的声音

在主持界，我们都很熟悉董卿，也更熟悉她的声音。从她的声音中，我们能感受到她自强自立，人格独立；精神丰盈，内心充实，每时每刻都用心面对生活；不怕时间流逝，不惧衰老，永远保持美丽自信和坚强。

另外一位国内顶级谈话节目主持人李蕾，善于用不同的声音和人沟通。李蕾用她的声音缔造了访谈的价值。媒体对她的评价是这样的："小身体却蕴藏着大力量"，是名不虚传的"电视精灵"；中国知名作家易中天这样评价她："在节目中，有李蕾在我身边，放心，很放心。"李蕾自己也曾说过："我事业、人生的最大功臣是声音。"

我们熟知的还有何炅、汪涵等主持人，他们用声音传递出了自我丰富的阅历和知识储备，但又能深入浅出地向大众传递正能量与快乐。

3. 播音界声动人心的声音

提起播音界来，人们首先应该会想到《新闻联播》主播康辉先生。他的声音既有中音的稳重，又不失高音的明亮，刚柔并济，节奏适中，重音鲜明，他特有的"磁性"音，被誉为"国嗓"和"最完美的声音"。

而播音界另外一位大咖当属赵忠祥先生。"春天到了，万物复苏的季节……""在这个非洲野犬的家族中，紧张之势一触即发"一开口便是经典。

4. 演讲界声动人心的声音

你能想象一个患有口吃的人，竟然实现了自己的演说梦吗？这个人就是英国首相丘吉尔。他一生中数百篇演说无一不具文采，为此他曾被美国《展示》杂志列为近百年世界最有说服力的八大演说家之一。他在第二次世界大战中用他那富有激情的演讲大大激励了英国军民的精神，也鼓舞了千千万万的人。

同时还有一些极具影响力的政治家——肯尼迪、小布什、威尔逊等，他们的演说，或含蓄婉转，或敏锐激昂，或理性思辨，或以情动人的声音与听众产生共鸣，不但令人震撼，更是充分展现了演讲者的个人魅力。

5. 视频界声动人心的声音

提及情感类博主的声音，少不了"夜听"。博主刘筱用低沉的声音加上饱经沧桑的烟嗓，用共情的方式治愈孤独的人。刘筱学的是播音主持专业，有着 8 年的电视、电台从业经历，是情感咨询专家型媒体人。他的经历导致他能很快地进入到内容的情绪里，从声音里传递情绪。

课后练习

选取一段你最喜欢的影视剧情节，尝试为里面的角色配音！

🔊 1.2 走出好声音的误区

好声音就是字正腔圆的普通话，还是天生的好嗓音？我们是不是只有通过学主持人说话的方式才能练出好声音？很多人对好的声音和练声都存在认知上的误区。

1.2.1 好声音并不是天生的

经常听到有人说："哇，你的声音也太好听了，是天生的吗？"很多人对声音有一个错误的认知，认为好声音是天生的，而不好的声音也是天生的，实则不然。

1. 没有不好听的声音

我们在 3 岁之前是不存在声音难听的情况的，这其实得益于我们的睡姿。平躺的姿势能保证气息通畅、声音放松，同时在出生后我们也会努力呼吸，或通过呼喊来满足自己的需求，这样其实是更有助于我们贯彻腹式呼吸，极大程度地调动气息提高发音效率。而当我们开始学会直立行走后，发声误区便开始了，因为直立行走，我们也从腹式呼吸转变为更加省力的胸式呼吸。因此没有不好听的声音，只有不好的发声习惯和呼吸习惯。

2. 错误的发声习惯与环境息息相关

发声来自于听觉反馈，就好比说我们从小生活在一种语言环境中，可能我们不需要系统的学习就能完全掌握，例如方言，因此错误的发声习惯与周围的环境影响密切相关。你的发声方式有可能是源于父母长辈长期语音语调的耳濡目染，也可能是因为地区差异。例如北京的儿化音，四川、重庆、贵州大多数人平翘舌不分，湖南、湖北 n/l 不分，常常是"路 = 怒""南 = 兰"；广东话将 zh、ch、sh 读为舌叶音，"制度"说成"季度"。

3. 好的声音是可以训练出来的

好的声音能训练出来吗？答案是肯定的。声音的四大物理属性为：音高、音强、音长、音色，那么平摊下来，我们天生的音色只占到 25%，而剩下的 75% 都是可以通过后天的训练得来的。

雅典最雄辩的演说家德摩斯梯尼，天生口吃，嗓音微弱，还有耸肩的坏习惯，在常人眼里，他似乎没有一点演说家的天赋。因为在当时的雅典，声音洪亮、发音清晰、姿势优美、富有辩才是一名优秀的演说家必须具备的要素。德摩斯梯尼虚心向著名的演员请教发音的方法，为了去掉气短的毛病，他一边在陡峭的山路上攀登，一边不停地吟诗；为了改进发音，他把小石子含在嘴里朗读，迎着大风和波涛讲话；他在家里装了一面大镜子，每天起早贪黑地对着镜子练习演说。最初的演说不是很成功，但他仍然坚持刻苦练习，最终实现了自己的梦想。

上文中我们谈到了李蕾，和大多数人一样，李蕾并不是学播音主持出身的，但因为从很早的时候就意识到声音的重要性，李蕾对自己进行声音训练，听李修平播新闻，主播说一句，她就跟着说一句，像同声传译一样，模仿他们说话的感觉和节奏等，二十多年来对声音的训练，让她变成了最好的自己。

1.2.2 好声音≠大嗓门，好声音≠普通话标准

好声音等于大嗓门吗？好声音能与普通话标准完全画等号吗？很多人都对好的声音存在错误的认知。试想下，生活中我们是因为一个人的嗓门大，而觉得声音好听吗？显然不是的。嗓门大只

能表明你的声音响度，相反，若不加修饰和控制，大嗓门还会给人带来糟糕的听觉体验。

我读大学的时候，常常一大早被几个校园清洁阿姨的喧闹声吵醒。起初总以为她们是因为什么事情而起了争执，闹得不可开交，但时不时传来的笑声打破了我的猜想。后来才发现，原来她们是利用早上一起打扫卫生的时间聚在一起聊天，这种聊天方式却一直让我们匪夷所思，为什么硬生生地把聊天变成了"吵架"？她们在我们宿舍楼区是出了名的"大嗓门"，后来因为给同学们造成了非常不好的听觉感受，被后勤部门找去一一进行了谈话。

通过上面一段经历，我们可以发现，好声音并不等于大嗓门。不加修饰、不顾场合的"大嗓门"实则是个人缺乏修养的一种表现，同时还会给人造成一种蛮横、粗鲁的感受。影视剧中的"河东狮吼"是为了通过夸张的手法营造喜剧效果，现实中的"大嗓门"则会暴露我们缺乏修养。

同样，普通话标准是表达交流的基本功，而好的声音还包含着理解、感受、连接和表达，好声音是好思想的传递工具，因此我们并不能将好的声音与普通话标准画等号。

初中时期，班级中有一位同学，每次朗读课文时总给人"怪怪的"感受，也说不出他哪里读得不好，因为他的普通话说得很好。但语文老师每次点评都说："朗读需要根据你的理解加入你自己的感情"，后来为了训练他的朗读技巧，语文老师每次都会特意让他朗读，而他自己也会私下不断地练习，慢慢地，我们发现他的朗读语言生动活泼了起来，也不再给人"怪怪"的感受了。

单纯把普通话练好，只是好声音成功的第一步。学会更深刻地表达，也是好声音的必修课程。表达智慧赢在气息、语音、富有情感和知识渊博。

1.2.3 练就好声音不是为了炫技

谈到好声音，我们都会想到主持人、播音员教科书式的声音。他们专业的声音是大多数人向往的，一些人甚至对于某个特定主持人、播音员的声音情有独钟，并企图通过课后练习来获得与其相同的嗓音。因此，有人故意将自己的嗓子弄哑，希望获得个性的烟嗓；有人故意抬高自己的声音，模仿别人说话的腔调……

其实，好声音的标准并不局限于主持人的说话方式，需要明确一点，我们练声并不是为了炫技。很多场合，大多数人并没有达到主持人的说话境界，但依然不影响其好声音的特质。

主持人的说话方式并不是一朝一夕练出来的。所谓台上一分钟，台下十年功，优秀、专业的声音不能一蹴而就。优秀的主持人和播音员在咬字、发声、表达等方面都经过了数年的锤炼，如果单纯抱着炫技的态度去练声，会导致"画虎不成反类犬"。同时，不同的节目往往需要主持人不同的主持风格，倘若将不适合的风格照搬到生活中，并用这种方式说话，反而会显得生硬而尴尬。

朗读巴金先生的《灯》（可节选）并录音，试着找出你在朗读中存在的问题。

◁» 1.3　好声音的秘密

好的声音不仅能增添个人魅力，温暖人心，还能给我们带来更多的机会和选择，甚至能改变一个人的人生轨迹。

1.3.1　好声音的四要素

　　浑厚的声音，会让你顿生踏实之感；高亢的声音，会调动你积极的情绪；清雅的声音，会让你像置身静谧的森林，抛开喧嚣和烦恼；温柔的声音，会让你的心灵得到抚慰。其实，好的声音并没有特定的指向，只要是适合场合，符合个人风格，为你整体形象加分的，听起来使人舒适的声音都是好的声音。那么有人可能会问：什么样的声音才能达到以上这些特质呢？好的声音虽然没有特别规定，但是它们却都可以从 4 个层面去概括。

1. 清晰度

　　很多人可能会有在公共场合说话被打断的时候，也可能是因为说话含混不清，别人要求一遍遍地重复。说话的首要目的，就是能让对方清楚地知道你所表达的内容，说话清晰是关键。这里的清晰有两层含义，其一是指发音吐字的清晰，其二指内容表达的清晰，做到不拖泥带水，不拐弯抹角。

　　影响发音吐字清晰的因素有很多，可能是方音习惯，或发声时口腔没有打开；也可能是音量太小，对方听不清楚；或者是语速太快，造成了吞字的情况。不同的情况可能由不同的原因导致，我们只有根据自身说话方式找原因，才能对症下药。

　　其次，很多人说话没有重点，不注意说话的表达层次，明明一句很简单的话往往喜欢拐弯抹角，最后让听众听得云里雾里，不知所云。你是否遇到过这样的情况，常常有人表达了半天，自以为讲述得很清楚，结果听众会说：所以呢？你要表达的重点是什么？出现类似的问题，其实是因为你在表达时没有明确目的，没有要求自己组织准确凝练的语言，或者是想要表达的东西太多，但没有注意层次。

2. 音色

音色就是指一个人的音质，是与生俱来的，可以是明亮的、清脆的、低沉的、细腻的、粗犷的、嘶哑的、圆润的。例如，张涵予的音色是低沉带点嘶哑的，林志玲的音色是甜美的，应采儿的音色是粗犷的，李健的音色是温润清丽的，王菲的音色是清脆而细腻的。音色没有好坏之分，只有是否好好把握自己的音色特点并加以塑造。

虽然音色是天生的，但我们可以通过在自己的音色领域内练习，不断美化自己的声音，使其更贴合自己的形象，可以从音色高低、强弱，实音与虚音，刚声与柔声等方面练习。

3. 温度

这里的温度指说话的温度。你是否曾在综艺节目《朗读者》中通过他人的朗读重新感受到了生命的力量？是否从综艺节目《声临其境》演员的配音中更好地理解了他所塑造的人物？是否在综艺节目《见字如面》中因为一封家书，留下感动的眼泪？其实这些都是话语温度的魅力。它与我们表达时的情绪、经历、见闻息息相关，也与我们的个人修养有着很大的联系。

发声的温度是情感的流露，体现着我们的思想内涵、对作品的深入理解、良好的文学修养和艺术素养等。试想一下，为什么在人工智能快速发展的时代，人们却还是饱含对人声的渴求呢？因为我们情感上的需求只能通过人声的交流才能得到满足。

4. 风格

好声音的另一个重要参考维度就是说话风格。每个人都有不同的性格特点，若能根据自己的性格特点，运用语言表达手段形成相契合的说话风格，会让你整个人熠熠生辉，给人留下难以磨灭的印象。

说话风格是一个人的形象标签之一。例如，董明珠雷厉风行的说话风格，高晓松博学睿智的说话风格，白岩松轻松富有趣味的说话风格等。个人说话风格的塑造来源于自我清晰的定位。

1.3.2　真正的好声音，助你轻松月入过万

我们对于"耳福"的追求总是孜孜不倦，假如你能练就好声音，一出口便悦耳动听、音色饱满、富有感情，那么好的机会也会源源不断向你招手。好的声音不仅能增添个人魅力，还能给你带来个人收入的提高。我们可以通过声音变现获得较高的收入。

传统的声音变现渠道集中在电视台、新闻媒体等，声音经历过专业训练的人可以通过主持人、播音员、歌手、记者等身份获得收入。而自媒体、短视频时代，人人都能在网上说话，我们大多数"普通人"通过声音训练，通过以下的渠道也可以实现声音变现。

1．配音变现

常见的有声读物配音平台有喜马拉雅有声制作平台、畅读有声化平台。通过接收大量的配音任务，例如小说、文学类书籍、史书等，按照时间或者字数来付费。

同时，还有很多自媒体平台，像抖音、快手、火山小视频上都有一些影视类短视频配音招募，我们可以通过接配音任务单获得收入。

2．有声主播

有声主播属于创作变现。个人可以创建自己的电台成为电台主播，常见的平台有喜马拉雅 FM、蜻蜓 FM、企鹅 FM、懒人听书。

目前，抖音也推出了音频直播，不需要真人出镜，就可以实现声音变现。

有声主播需要根据个人的风格明确个人定位，做垂直细分领

域，找相应的素材，选择相应的创作内容，如情感故事、儿童故事、职场生活、恐怖故事等。同时，目前可通过粉丝打赏、接广告、优质的付费节目、电台直播等方式实现变现。

3. 知识付费

作为普通人，如果你在自己的专业领域有一定的建树，或有某方面的技能，那么也可以利用线上线下课程，实现声音变现。将自己的内容录制成课程放到荔枝微课、网易课堂、腾讯课堂等。例如在 PPT/Word 培训领域做得比较好的秋叶、广受欢迎的考研辅导教师张雪峰等。

课后练习

你认为什么样的声音才能算是好声音？

🔊 1.4 你的声音魅力值有几分

平日里我们所听到的自己的声音，都是经过人脑"美化"过后的。要想开启声音的蜕变之旅，首先需要我们了解声音的原貌，用录音的方式诊断自己的声音硬伤。

1.4.1 录音自测：学会诊断你的声音情况

网上有很多关于声音话题的热烈讨论。有网友这样发言：

"对于自己喜欢的歌，可以无限单曲循环，但倘若要听自己的声音，简直是噩梦。"

"平日说话的声音并没有那么难听，但一旦听录音时就会发现无比尴尬，根本不是平日里感受到的声音。"

"我一直都认为自己声音低沉且富有磁性，直到有一天我听到了自己的录音……"

其实，针对以上的这些问题，我们都可以用声音传播途径的原理来解释。自我声音的感知与录音这两种方式，声音的传播途径是不一样的。前者是骨传声与空气传声的混合结果，后者则是单纯依靠空气传声。

1. 听觉的产生

当外界产生声音时，会以声波的形式被耳廓收集传到外耳道，经过外耳道的放大作用，产生鼓膜振动并通过听小骨的联合振动传到耳蜗，由耳蜗中的液体将这些振动传给听觉神经，再由听觉神经传达给大脑，最终形成声音。

2. 骨传声

发声者本身发出的声音由头骨、颌骨进行传导刺激耳蜗产生听觉，这种声音的传导方式叫作骨传导，也叫骨导。

3. 空气传声

空气传声会受周围环境的影响导致声音能量减弱，音色发生改变。

人们平日听到的自己的声音都是骨传声与空气传声的混合结果，声音发出，一部分声音由空气传播被耳廓收集传到听觉系统产生声音，而另外一部分声音是由发声者自己发出直接由颅骨传到内耳。这种组合方式使得声音的能量和音色衰减得少，因此我们感受到自己的声音时会比原本的声音更加丰厚而具有磁性。而听录音的方式完全是通过空气传声，这样我们听到的自己的声音跟别人听到的我们的声音是完全一致的。

根据声音传播原理，在练声时，为了避免大脑产生自我声音美化，需要我们通过听自己录音的方式真实面对声音的硬伤和不足，进而做出有针对性的练习。

另外，通过录音自测还可以有效纠正自己的普通话错误，例如比较典型的平翘舌不分、鼻音边音不分、f/h 不分、前后鼻音混淆和调值不准等。我们可以通过语音类软件，平时刻意地通过语音输入转文字的方法来判断哪些字因发音不准而识别错误。

1.4.2 带你了解声音的原貌

声音是否好听，实则主要受到嗓音、呼吸、口腔、喉部、共鸣、弹性控制多方面的综合影响。

1. 呼吸

发声与呼吸密不可分，只要有发声就需要有气息支撑且呼吸伴随着整个发声过程。发声的原理是在气息的冲击下，声带会闭合、拉紧、震动从而产生声音。呼吸是形成声音、完善发声的必要条件，因此想要做到发声的艺术，就需要了解呼吸与发声的概念以及科学的呼吸方式。

呼吸是胸腔、肺、肌肉组织群、横膈膜等器官在自然状态下的联合律动，歌唱发声、舞台语言、播音发声、影视剧语言、演讲、平时说话等都需要强而深的气息作为支撑。有的人说话常常给人感觉有气无力的或唱歌时常常不知如何换气，这些问题其实是没有科学地控制自己的气息而导致的。

练声需从练气开始，通过吸气、吐气，把肺里的气吐尽，然后徐徐地吸气，体会两肋扩张的呼吸与气流匀速运动，循序渐进地培养呼吸机能和呼吸调节能力。

2. 口腔

口腔是人类语音形成的最后一个加工场所，对于吐字发音饱满、音量集中方面起到重要作用。若说话时口腔没有打开，则会造成说话"吃字"、支支吾吾、含糊不清、声音小的情况。你是否经常遇到这些类似的问题："你说什么，再说一遍？""你说话怎么面无表情？""你说话的时候能够大声一点吗？"这些都是你说话的时候没有正确打开口腔而造成的。

打开口腔的训练方法可以概括为"提、打、挺、松"。"提"是指提起颧肌，就是我们常说的微笑肌，用微笑的面貌说话，它对于提高声音亮度和字音的清晰度都有明显作用；"打"是指打开牙关，使上下槽牙在咬字时有一定的距离，最后达到咬字位置适中、力量稳健；"挺"是指挺起软腭，不说话时，软腭松软下垂，日常说话时也很少有人有意识地将它挺起。挺软腭是抬起上腭的后部动作，它可以起到扩大口腔后部空间，改善音色和缩小鼻咽入口避免声音大量灌入鼻腔而造成鼻音的作用；"松"是指放松下巴，由于生理构造的原因，若说话时下巴用力，则会导致舌根用力，把字"咬"死，跟日常牙痛时说话的感觉一样，给人一种僵硬感。关于如何正确打开口腔，本书第4课会进行详细的介绍。

3. 喉部

喉部控制着我们的音高。喉部器官位于各共鸣器官的中部，上与头腔共鸣器官相连通，下与呼吸器官相连通。从生理结构上来看，它既承担着发声体的功能，又是连通上下共鸣腔体运作的区域。喉咙是声带所在的部位，声带就像两根琴弦，靠在一起，当我们的气流冲击这两根"琴弦"时，它们产生振动发出声音。

在日常发声过程中我们要遵循"两头紧，中间松"的原则，就是前面我们谈到的膈肌有力，口腔唇舌肌肉要紧。倘若你平时说话说得较多然后声音嘶哑了，说明你没有用气息、共鸣发声，而错误地将嗓子过度用力，这样其实会对声带造成不好的影响。

那么，如何选择让喉部放松，避免用嗓子发力，练习方法就是气泡音。正常状态下将喉部嗓子放松，此时声带闭合在一起，用气流发出"啊"的声音，这一过程实际就是气流挤出两条声带所产生的声音。我们可以通过向上、向下的气泡音训练来扩展自己的音域。

4. 共鸣

平时说话音量的 95% 左右需要通过共鸣腔来放大，恰当地运用共鸣腔可以放大音量、美化音色。身体内的共鸣腔包括胸腔、口腔、喉腔、咽腔、鼻腔，而我们平时说话时，以胸腔共鸣为基础，以口腔共鸣为主，辅之以适量的鼻腔共鸣就足够了。通俗地说，共鸣实际上起到修音的效果，如果没有共鸣，发出的声音就会比较干瘪，而共鸣之后的声音则会比较圆润、饱满、响亮。

其实，做好以上所说的每一步：控制好气息，发声以胸腔气流为基础，运用好喉部，正确打开口腔等，就能产生共鸣。

5. 弹性控制

声音具有伸缩性和可变性，这就是声音的弹性。有了弹性的声音才能适应思想感情的变化，也才能适应表达内容情感的需要。

弹性控制训练可以通过扩展音域，加大音量，控制气息和夸张声音，加大发声运动的幅度，用丹田气发声。其感受就像是打快板，可以通过演员打快板时的状态来感受对声音弹性的控制。

1.4.3　开启你的声音蜕变之旅

改变我们的声音，让发声更具魅力，是以个人音色为基础，打造自己的声音风格。就好比说，以前我们的声音是一个毛坯房，而声音练习技巧则是精装修，是我们通过后期的装修将毛坯房变成精装房的过程。想要开启声音蜕变之旅，我们需要从以下两方面做起。

1. 声音自我评估表

了解了发声的原貌，我们可以根据口腔控制、喉部控制、气息控制、共鸣控制、弹性控制这 5 个专业核心发声维度来制订用声测评，如表 1-1 所示。

表 1-1　专业核心发声维度与用声测评

常见的发声问题 ＼ 存在问题的发声部位	口腔控制	喉部控制	气息控制	共鸣控制	弹性控制
说话声音尖、细	√	√	√	√	
声音"飘"有颤音	√	√	√	√	
声音小，虚弱无力		√	√	√	
吐字不清，支支吾吾	√		√		
缺乏感情，没有弹性	√		√	√	√
说话时间长，嗓子"哑"		√	√		
声音没有穿透力	√		√		
鼻音过重或缺失			√		

我们可以根据自身的声音情况与上面情况进行对照，找出自己发声问题的根源。

2. 寻找自己的嗓音舒适区

人的音色是独一无二的，在你嗓子里的两片声带是这个世界上独一无二的"琴弦"。发声的练习是为了发挥出音色，而不是掩盖住音色。压喉、捏挤都是错误的发音方式，容易造成发声器官的损耗。平日我们不自知的错误发音方式经常会让我们感觉嗓子不适，为了避免错误的练声目的与发声方式，我们需要找到自己的嗓音舒适区，那么如何找到自己的嗓音舒适区呢？

想要找到嗓音的舒适区，最简单的方式就是利用"气泡音"①。在发气泡音时，需要先找到我们身体最舒适、最放松的状态，但要注意精神情绪上的积极性，身体最放松的状态并不等于精神上的慵懒，因为慵懒的情绪会直接影响发声的语音语调。通常早上起来是全身肌肉最放松的时刻，这时推荐用气泡音由高到低，再由低到高发"a"的音，通过不同音域的发声来找到自己最舒适的音调，舒适的音调一定是自己嗓子最舒服的音域②。

课后练习

参考"声音自我评估表"，自查一下声音存在哪些问题吧。

 扫码听声：音频欣赏 1

---

① 气泡音：是气流通过喉腔时，将闭合的声带中间部分吹出一个小洞，由于气流与声带的边缘摩擦产生断续振动，经喉咽腔共鸣而发出一串颗粒性的像冒泡泡一样的声音，是充分放松喉头后的一种发声。

② 音域：是指某一乐器或人声歌唱所能发出的最低音到最高音之间的范围。

第2课
科学练声四要素

"练声就是动动嘴的事"俨然已经成为大多数人的观点，实则不然。科学的练声方式远远不止动动嘴这么简单，要想练声达到好的效果，需要综合多方面因素并加以运用。积极的情绪状态、适宜的练声时间、合适的练声地点、练声前的准备工作，以及练声该从哪些内容着手都是我们练声时需要考虑的因素。只有利用科学的训练方法，才能做到事半功倍，收获好的声音。

2.1 心理建设：情绪状态是基础

在发声过程中，器官、肌肉、气息的配合运动是我们无法直接观察出来的，是较抽象的，看不见，摸不着。要发出一个好听的声音，是心理活动指挥我们的发声器官在生理上做出的反应。我们在发声调整的过程中，生理活动要听从心理活动，有意识地注重心理活动对生理活动的调控，而情绪是我们一段时间的心理活动状态。

2.1.1 保持积极放松的情绪状态

在发声过程中我们的生理要听从心理的指挥，发声时保持稳定的情绪、积极的状态是关键，而慌张、紊乱的情绪则会影响我们的发声效果。单纯依靠器官、肌肉运动是达不到效果的，往往会"事倍功半"。

从一定意义上来说，积极正面的情绪对于发声有正面的作用，而负面的情绪则会给发声带来负面影响，严重的甚至成为发声的阻碍。心理学家认为，积极的情绪有愉悦、轻松、乐观、豁达等，而消极的情绪有焦虑、紧张、悲伤、愤怒等，情绪的变化还会引发人的生理反应。

比如，愉悦时心率正常、呼吸平稳，激动时心跳加速、血压升高，惊恐时呼吸急促、心悸甚至骤停。积极放松的情绪状态对发声的正面作用主要体现在作用和反作用两个方面。首先，当人处于积极放松的状态时，思想更易集中，气息平稳，用于发声的器官、肌肉群都处于最佳的状态，能更好地调节和调动；其次，当人具备好的发声状态时，往往就能发出好听的声音，这样对发声者来说是好的反馈，起到了鼓励的作用，让发声者更有信心。

要想保持良好的情绪状况，需要我们有意识地进行调节，常见的情绪调控方法有注意力调控法、暗示调控法、音乐调节、运动舒缓等合理的情绪宣泄方法。

2.1.2　走出舒适区

我们常常会调侃各个不同的地域形成了颇具地域特色的"普通话"，带有浓郁的乡音。如有些地域的人常常分不清楚前后鼻音，常常将牛奶（niú nǎi）与刘奶（liú nǎi）混读，有些地域的人分不清楚 h 与 f，通常将湖南（hú nán）念成"福南"（fú nán）。

笔者以前上大学时，有一位来自外省的室友，刚开始，她完全说不清楚 h 与 f，会将发芽（fā yá）说成"花芽"（huā yá），对于 f 与 h 开头的发音完全说不正确，而我们听着就会觉得特别明显，于是经常会不自觉地去纠正她，她也有意识地加以更正，她渐渐地习惯了，竟然能发音正确了。后来，她对我们说，之前这样发音十几年了，身边的人都是这样说的，也没觉得哪里不妥，但是后来当她回老家时，听到家里人这样发音时她突然觉得特别奇怪，一下就能听出来，而且自己也会有意识地去纠正他们的发音。

"不识庐山真面目，只缘身在此山中"，发声说话也是如此，我们从小在一个熟悉的环境中长大，相同的地域特色往往会使我们的发音高度相似，哪怕发音错误也不会影响彼此之间的沟通交流，长此以往，我们会慢慢地习惯这种错误发音，因此想要纠正自己的发音，必须要学会走出舒适区。

要想走出发声中的舒适区，需要从以下 3 个方面做起。

1. 全面了解自己的声音

声音时时刻刻伴随着我们，我们每天用自己的声音与他人交流，表达自己的思想和情绪。全面地了解自己的声音，知晓每天的言语中有多少是精妙、深入人心的，有多少是没有达到效果的，这样有助于我们提升声音的有效性。

要想拥有一个好的声音，首先要对自己有一个清晰的认知，有意识地发现自身发音的不足。

2. 改掉错误的习惯

对自我形成清晰的认知后需要有意识地改掉自己说话发声习惯中的坏毛病。不好听的声音可能源自错误的发声习惯、发声不准等，我们需要对其进行针对性的更正。从认知—觉察—练习—优化，不断训练自己的发声习惯，就能累加出显著的结果。

这个过程是痛苦的，但想要有好的结果就必须持之以恒。

3. 加强训练强度

练声是一个偏口语化的活动，如果只在习惯的领域去发声，练习就没有意义，不能加强练习的强度，就会导致练声不痛不痒，达不到效果。因此我们的练声需要在不过度的情况下，加强训练强度。

2.1.3　目的明确

我们必须知道自己要练什么，怎么练，想达到什么样的目标。很多人认识到声音的重要性，可能是始于一次演讲、一次会议发言或者是听某个音频故事等，而每个人练声的出发点和目的也各不相同。有的人只是想要在 KTV 唱歌时不那么尴尬，有的人想通过近期的普通话考试，有的人希望在职场中能有更加自信的发言，而有的人则是想要从事某些专业声音领域的工作，如配音员、演员、播音员、主持人、歌手等，还有的人只是单纯地想通过"开口脆"的声音来提升个人的气质。

清晰明确的目的具有一种潜意识的强大动力，能更好地指引我们走向成功。不同的目的明确了不同的练习技巧与风格。假如我们想做歌手，那么我们练习发声的方向主要在声乐方面；倘若我们想做播音主持方面的工作，则对发声有了更高、更专业的要求。

明确自己的练声目的还需要选择符合自己的声音类型，塑造自己的声音风格。我们需要找到适合自己的声音，声音并没有绝对意义上的优劣好坏之分，只有适合与否。大千世界有无数种好听的声音，我们尊重每一种声音风格。一种声音只要能匹配你的形象、气质、身份，符合不同的时机和场合，那就是适合你的。它能让我们在现有的基础上华丽变身，完美掌控职场与情场。

目的明确有利于我们根据自身的情况制订一套适合自己的练声计划，然后树立小小的目标，抓住重点，逐一攻破，避免盲目练习。

2.1.4 保持平常心

人生最难得的是平常心，对待练声过程，我们要用平常心，接纳自己且注重滴水穿石的积累。

科学的发声方式可能与你前期的发声习惯相冲突，或是让你意识到自己发音不完整甚至存在很多发音错误等问题，自然容易产生自卑和自暴自弃的负面情绪，因此我们需要一开始就保持平常心，学会接受自己发声方式的不足或缺陷，用平常心去对待。

身边有这样一个故事，一个朋友跟笔者分享，他从小听力不是很好，平时性格也比较内向。有一次班级举办了一次演讲活动，他在课堂上演讲时，大家都在笑，后来才知道是自己发音不准。那时候他已经 18 岁了，才知道自己有这个不足。他本来是想多多表现自己，多露脸，被说发音不准之后，瞬间不知道该怎么办了，内心又受到打击。因为那次演讲，他消沉了好长一段时间，觉得特别无助。听到他分享这个故事时，我们都非常诧异，因为现在的他讲着一口流利的普通话，咬字清晰，还带点磁性的声音，谁也不敢想象他 18 岁时竟然还会发音不准。他看了看我们说："慢慢地，我就开始接受自己的这一缺陷了，于是就开始练习发音，虽然很难，但是自己坚持不放弃。"

他的故事让我们深受启发，倘若当时他没有学会接受那个不足的自己，也就没有今天"完美"的他。

科学的发声习惯不是一天两天就能养成的，好听的声音也不是一朝一夕就能练成的。很多时候，我们往往喜欢急功近利，企图用几天的突击取得立杆见影的效果。然而发声方式的改变看不见，摸不着，只能感知。通过每天的练习积累量变，最终达到质变的结果，那时候的你才会让大家"耳目一新"。

 课后练习

你在平常有没有因为情绪而影响练声的时候呢?和身边的小伙伴交流一下如何更有效地化解情绪吧!

2.2 时间安排:合理安排时间是关键

合理的安排练习时间是有效练习的起步和关键。"三天打鱼,两天晒网"的练习,不但不能让课后练习形成肌肉记忆,也不利于系统、规律地开展练习活动,达不到循序渐进的效果。因此合理科学的安排是关键。

2.2.1 一天中练声的最佳时间段

练习除了是身体机能的训练外,也属于脑力活动,练习效果依赖于大脑所处的状态,因此想要高效练习,卓有成效,就应该学会科学用脑,选择最佳的练声时段。练声的最好时段包含两个层次,其一是个人状态最好的时段,其二是嗓子状态最好的时段。

生理学家研究发现,一天中有 4 个学习的高效期,如果安排得当,可以轻松掌握、巩固知识。

第一个最佳时段:早上的 6 点至 7 点

加拿大多伦多大学的研究人员发现,任何年龄段的人,早起的人情绪更加积极向上,自我感觉更好,健康意识也更加强烈。

大脑经过一夜的休息,消除了前一天的疲劳,处于新的活动状态,此时声带也得到了放松。新鲜的空气能使大脑皮层迅速消除睡眠时的抑制状态,让全身肌肉、关节和器官活动得到积极调动。

在早上时段练声时应该注意先通过一些轻缓的运动把身体打开，使大脑转入兴奋的状态，开嗓、运气。

第二个最佳时间：上午的 8 点至 10 点

在这个阶段，人的精力充沛，大脑容易兴奋，思考能力状态最佳，此刻是攻克难题的大好时机，可以加以规划。

第三个最佳时段：下午的 6 点至 8 点

下午的 6 点至 8 点，也是用脑的最佳时刻之一，是练习的黄金时机。

同时，通常意义上，下午的 6 点至 8 点也被认为是嗓子状态最好的时间段，不少人利用这段时间来复习发声，加深印象。

第四个最佳时间：入睡前一小时

研究表明，大多数人在入睡前记忆力较好，我们可以利用睡前的一个小时来复习练声内容，加强记忆。

以上就是一般性的学习规律时间段。如果你是一个自控力极高且对学习时间、学习方式有独特见解的人，那么你可以根据自身情况选择练习时段。

2.2.2　高效练声，要做"刻意练习"

练声是一门枯燥的事情，需要长期坚持。而想要在枯燥的练声过程中做到高效练习，则需从以下 4 个方面入手。

1. 精力高度集中

俗话说："书痴者文必工，艺痴者技必良。"要想练声取得进步，必须把你的专注力集中在你的目标任务上。在我们的认知里，知道发声的存在，但对于它是如何运动的，我们是无法直接接触到的。我们只能通过调动自己的心理活动去认识感知，不光靠听觉、视觉、触觉，还要靠空间知觉、时间知觉、运动知觉、距离知觉，有时候还需要思维判断和联想。若精力不集中，则会导致无法正确感知科学的发声方法，也就无法达到预期的效果。

2. 持续反馈

练声需要持续反馈。没有专业的声音老师，就把自己当成老师，将时间管理中的"清单法则"运用在练声层面，即在每天练声后反馈自己的不足，并将自己的声音缺陷记录下来，达到提醒和有针对性练习的作用，表 2-1 为练声问题反馈表。

表 2-1 练声问题反馈表

问 题 反 馈	通过哪些方法纠正
说话语速快时不注重节奏	重音练习等
说话语速快时吐字不清楚	呼吸控制训练、口齿训练（绕口令）等
平时练得很好，但与人交流时就会回到原点	在公共场合交流时代入练习场景等
读句子时不会掌握抑扬顿挫的节奏，没有感情	朗读练习等

写下问题清单，并在接下来的训练中不断地进行针对性的练习，持续反馈，最终达到质变。

3. 制订系统的计划，划分小目标

戴尔·麦康基曾经说过："计划的制订比计划本身更重要。"制订练声计划是在个人目标清晰明确的情况下展开的，是对目标的落实。科学的发声本就需要依靠系统性的练习，而无计划的练习只会盲目没有效果，且不容易让人保持练习节奏，最终导致半途而废。

同时，目标的制定也是目标分解的过程。将大的目标落实到每天的练习任务上，有利于增强我们的信心。看似远大的目标，但分阶段地逐一实现，你就能尝到成功的喜悦，进而积极地指引你完成下一阶段的任务。

4. 把练声场景融入生活

把练声场景融入到生活场景中来，让练声落地。试想，为何很多人的英文水平很好，但口语却不行呢？很大程度的原因是没有较好的说英文的环境。练声也一样，很多人经常反馈自己练习时能正确发音，但与人交流时，急于表达，又会把之前的发音方式带出来。倘若把练声场景融入生活场景中，时刻有意识地注重发声，不但会增加练声的趣味性，也会让发声更有情感。

制作一份练声问题反馈表，定期记录自己的练声效果。

◁》2.3 练声地点：合适地点是支撑

人的情绪受周围环境的影响，人体感官通过对外界环境的感知，将外界的信息反馈到人脑，从而使人脑产生不同的情绪。阴暗、孤寂的环境会使人惊恐不安；光线明亮、色彩柔和的环境，使人心情恬静舒畅；拥挤、繁乱、嘈杂的环境会使人紧张厌恶；而优美的田园风光、湖光山色则令人神采飞扬。人对美好的事物都是向往的，因此为了练声时有一个积极高昂的情绪，更好地调节生理活动，优

美适宜的环境不可或缺。

那么在选择练声地点时，还要注意哪些事项呢？

2.3.1 不要频繁更换练声地点

听觉反馈指导我们认识声音。那什么是听觉反馈呢？我们需要从听觉系统说起。

1. 何为听觉反馈

听觉对声音的认识可以分为听觉察知、听觉注意、听觉定向、听觉辨别、听觉记忆、听觉选择和听觉反馈，最后形成听觉概念，对声音信息做出正确的判断和反应。这几个阶段相互联系，相互促进。

听觉反馈是指当人们听到声音或语言后出现的一种自我调节反应，在发声过程中，听觉反馈就像我们的老师，起到不断纠正的作用。例如，当我们在模仿别人的发音时，一遍遍重复，会不断通过听觉反馈来进行自我调节，直到准确无误地发音为止。还比如，你平时说话，会很容易判断出自己的音量大小，之后发声则会进行自我调节，直至音量合适为止，其实这些都是听觉反馈起的作用。

2. 环境对于听觉反馈的影响

在练声过程中，练声地点若不断地更换，会导致自己的听觉反馈发生混乱。因为地点变了，环境变了，你会发现自己听到的声音也就不同。就好比说，你在空旷的草地上发出的声音和你在封闭的房间里发出的声音，所产生的听觉反馈是不一样的。频繁更换练声地点会使我们每天听到不同的声音，从而让自己失去参照标准，变得无所适从。

2.3.2　尽量选择噪声小、混响短的地点

课后练习是一个由心理到生理，再由生理到心理的过程。在这过程中我们需要调动自己的感觉来进行调节。选择噪声小的练声地点，首先是避免其他无关声音对自我发声和听觉上的干扰，其次是为了集中注意力。嘈杂的环境显然也不利于营造积极的练声情绪。

那么为什么要选择混响短的地方呢？首先我们需要明确混响的概念。

1. 何为混响

混响是一种室内的声学现象。声音在空气中传播，遇到墙面或天花板后产生吸收、反射、扩散等物理作用，形成杂糅后的声感，给人混响感。在声源停止后，声音的多次反射使声音产生延续的现象。

房间的混响长短是由它的吸声量和体积大小所决定的：体积大且吸声量小的房间，混响时间长；吸声强且体积小的房间，混响时间就短。

2. 减少其他声音的干扰

一般情况下，我们都会认为加了适当混响的声音往往会比较动听，完全没有混响的声音会显得声音发干、枯燥无味。因此，混响往往在 KTV 等娱乐场所用得比较多。

而练声是一项精细活，需要我们于细微之处发现差异，因此在练声时，选择混响短的地方可以避免由于混响造成的声音拖沓、回音，且过长的混响会导致声音不真实，会增加其他声音的干扰，不利于我们分辨自己真实的声音。

一般我们会选择噪声小、混响短的地方进行课后练习，例如空旷的田园、公园、河边等。

 **课后练习**

你在练声的过程中有发现有哪些特别适合练声的地点吗？

2.4　内容与顺序：内容顺序是核心

很多人早已认识到声音的重要性，但只是苦于不知该如何系统地练习。"开口脆"的好声音魅力给练声方式蒙上了一层神秘的面纱。"万丈高楼平地起"，好声音的练习始于跬步，离不开长期的练习，以下将从练习内容和顺序两方面做详细的介绍。

2.4.1　练声的基本内容：日常练习 + 特殊练习

练声的基本内容包括日常练习和特殊练习两个部分。日常练习是指每天都要进行的，针对发声各方面控制能力的发展所编排的练习。所谓特殊练习，是针对发声当中存在的各种问题所进行的练习。

一般的练声基本内容包含了 3 个部分。

1. 气息练习

气息练习主要是通过膈肌、腹肌和咽壁的训练，保证声道的畅通，让它们在发声过程中提供稳定充足的动力。

这里先介绍腹肌训练。我们比较常见的腹肌训练方式就是仰卧起坐。需要注意的是，在腹肌的训练过程中，要保证腹部卷曲，一定不要采取身体硬挺、直上直下的训练方式，因为腹肌的生理作用是让躯干卷曲，如果不能保证腹部卷曲，不仅达不到训练效果，还会导致腰痛。同时相比传统的固定下半身的仰卧起坐，卷腹[①] 可以更好地刺激腹肌。

在练声训练中，膈肌和咽壁练习是同时进行的。我们可以通过发"hei"的声音来锻炼。具体训练步骤，如表 2-2 所示。

表 2-2　膈肌和咽壁的具体训练步骤

步骤	具 体 内 容	要　　点
第一步	深吸一口气，用这一口气发出两三个扎实的"hei"音，接着重复上面的步骤	注意吸气，逐渐增加弹发次数
第二步	按照以上步骤，一直练习到一口气能够弹发七八次	气的力度应该均匀，声音要保持一定的音高和音量，音色也要始终一致
第三步	坚持数日以后就可以获得自动进气的感觉，接着进入由慢到快，稳健轻巧地连续弹发"hei"音，最后达到快慢自如的程度	同上
第四步	在做好第三步的基础上，做改变音高、音量和音色的练习	

在刚开始练习的过程中，可能因为动作不能协调一致而导致动作声音不同步，因此我们需要增加练习的准确性，做到持之以恒。在做好"hei"声的练习后我们还可以做其他发音练习，如"ha"。

2. 口齿训练

进行口齿训练时要求吐字归音、字头弹出、部位准确、气息饱

---

① 卷腹：一项健身运动。

满、铿锵有力。字腹①拉开立起、气息均匀，字尾完整自如，归音
干净利索。具体练习方法，如表 2-3 所示。

表 2-3　口齿训练方法

字　母	示　　例
b、p 练习	（1）八百标兵奔北坡，炮兵并排北边跑，炮兵怕把标兵碰，标兵怕碰炮兵炮，炮兵攻打八面坡，炮兵排排炮弹齐发射，步兵逼近八面坡，灭敌八千八百八十多。 （2）张伯伯，李伯伯，饽饽铺里买饽饽，张伯伯买了个饽饽大，李伯伯买了个大饽饽，拿回家里喂婆婆，婆婆又去比饽饽，也不知张伯伯买的饽饽大，还是李伯伯买的大饽饽。 （3）老彭拿着一个盆，路过老陈住的棚，盆碰棚，棚碰盆，棚倒、盆碎棚压盆。老彭要赔老陈的棚，老陈要赔老彭的盆，老陈陪着老彭去补盆，老彭帮着老陈来修棚
d、t 练习	（1）东洞庭，西洞庭，洞庭山上一根藤，藤上挂铜铃。风吹藤动铜铃动，风停藤定铜铃静。 （2）白石塔，白石搭，白石搭白塔，白塔白石搭搭好白石塔，白塔白又大。 （3）吃葡萄吐葡萄皮儿，不吃葡萄不吐葡萄皮儿。吃葡萄不吐葡萄皮儿，不吃葡萄倒吐葡萄皮儿
b、d 练习	长扁担，短扁担，长扁担比短扁担长半扁担，短扁担比长扁担短半扁担，短扁担绑在板凳上，长板凳不能绑比长扁担短半扁担的短扁担，短板凳也不能绑比短扁担长半扁担的长扁担
f、h 练习	粉红墙上画凤凰，红凤凰、粉凤凰、粉红凤凰、红粉凤凰、黄凤凰
n、l 练习	（1）老龙恼怒闹老农，老农怒恼闹老龙，农怒龙恼农更怒，龙恼农怒龙怕农。 （2）门外有四辆四轮大马车，你爱拉哪两辆就拉哪两辆。拉两辆，留两辆

---

① 字腹：腹就是韵母中的韵腹，通常是由发音最响亮的母音来充当，字腹的延长就是指这个母音。

续表

字　母	示　例
sh、s 练习	（1）四是四，十是十，十四是十四，四十是四十，谁能说准四十、十四、四十四，谁来试一试。 （2）山前有四十四棵死涩柿子树，山后有四十四只石狮子。山前的四十四棵死涩柿子树，涩死了山后的四十四只石狮子。山后的四十四只石狮子，咬死了山前的四十四棵死涩柿子树。不知是山前的四十四棵死涩柿子树，涩死了山后的四十四只石狮子，还是山后的四十四只石狮子，咬死了山前的四十四棵死涩柿子树
g、k、h 练习	（1）哥挎瓜筐过宽沟，过沟筐漏瓜滚沟，隔沟够瓜瓜筐扣，瓜滚筐空哥怪沟。 （2）老华工葛盖谷，刚刚过了海关，归国观光，来到海港，观看故国港口风光。昔日港口空空旷旷，如今盖满楼阁街道宽广。过去高官克扣港口渔工，鳏寡孤独尸骨抛山岗。如今只见桅杆高挂帆，渔歌高亢唱海港。归国观光的葛盖谷无限感慨，感慨故国港口无限风光
j、q、x 练习	谢老爹在街上扫雪，薛大爷在屋里打铁。薛大爷见谢老爹在街上扫雪，就急忙放下手里正在打着的铁，跑到街上帮助谢老爹来扫雪；谢老爹扫完了街上的雪，就急忙进屋里帮薛大爷打铁。二人一同扫雪，二人一同打铁
ü 练习	老齐欲想去卖鱼，巧遇老吕去牵驴，老齐要用老吕的驴去驮鱼，老吕说老齐要用我的驴去驮鱼就得给我鱼，要不给我鱼，就别用我老吕的驴去驮鱼，二人争来又争去，都误了去赶集
o、uo 练习	打南坡走过来个老婆婆，俩手托着两笸箩。左手托着的笸箩装的是菠萝，右手托着的笸箩装的是萝卜。你说说，是老婆婆左手托着的笸箩装的菠萝多？还是老婆婆右手托着的笸箩装的萝卜多？说的对送给你一笸箩菠萝，说的不对既不给菠萝也不给萝卜，罚你替老婆婆把装菠萝的笸箩和装萝卜的笸箩送到大北坡
i 练习	一二三，三二一，一二三四五六七，七六五四三二一，七个姑娘来聚齐。七只花篮手中提，一齐来到果园里，摘的是槟子、橙子、桔子、柿子、李子、栗子、梨

续表

字　母	示　例
n、l 儿化 练习	有个小男孩儿，穿件儿蓝小褂儿，拿着小竹篮儿，装的年糕和镰刀。有个小女孩儿，穿件儿绿花小裙儿，梳着俩小辫儿，拉着一头老奶牛。俩人儿手拉手儿，唱着快乐的牧牛歌儿，拉着牛拿着篮儿，溜溜达达向前走，走到柳林边，拴上牛放下篮儿，拿出了年糕和镰刀，吃了甜年糕，拿起小镰刀，提着竹篮儿去割草。割了一篮儿一篮儿嫩绿嫩绿的好青草，欢欢喜喜地喂饱了那头老奶牛
"啊"字 音变	鸡啊，鸭啊，猫啊，狗啊，一块儿水里游啊； 牛啊，羊啊，马啊，骡啊，一块儿进鸡窝呀； 狼啊，虫啊，虎啊，豹啊，一块儿街上跑啊； 兔啊，鹿啊，鼠啊，孩啊，一块儿上窗台儿啊

3. 扩展音域，调节响度

音域也是可以拓展的、训练的，练习时需要注意声音的高低、强弱、厚薄、虚实、明暗变化。音域扩展的具体练习方法，如表 2-4 所示。

表 2-4　音域的扩展方法

练习方式	具体方法
1	i、u，由低音向上滑动，再从高音向下滑动 /a/、/i/ 绕音，螺旋式上绕、下绕练习 通过 "la~lai~li~lao~lu" "满路春花满路开" 拓展音域
2	设计一段远距离对话（也可以是古诗）进行练习，练习时随时改变距离
3	朗诵练习：找一首古诗，每念一句改变一次快慢节奏，务必在保证清晰和传送的基础上，做到最快和最慢

以上是日常练声的基本内容。

由于每个人的声音基础不一样，存在问题也不同，因此个人在进行日常练声的基础上，还需要根据自身存在的不足，进行针对性的练习，攻克发声的重难点。只有日常练习与特殊练习相结合，才能提升练习效果。

2.4.2　练声顺序：热"声"练习＋正式练习

通过以上的介绍，我们对课后练习有了一个大致了解，接下来进入练声环节。

1. 热"声"练习

练声是人体器官间的一种小幅度运动，因此我们也需要一开始进行"热嗓"，让发声器官、肌肉逐步协调"运动"起来，由小到大，由弱到强，这样声带就不会被拉伤。

热"声"练习是发声的开始，主要从热身、呼吸、耳朵、声音这四个方面进行预热，如表2-5所示。

表2-5　发声的预热练习

项目	要　点	练习内容	时长（秒）
热身	将身体预热、耳朵预热、呼吸预热同时进行	播放一段优美的音乐，在优美的韵律中酝酿积极饱满的情绪； 随着优美的运动做手臂伸展运动、跺跺脚并通过仰头在空中画圆来活动颈部； 逐步调整呼吸，使呼吸也进入平稳有序的状态，可以运用闻花香式的慢吸气、慢吐气的方式，也可以闭上双眼，静静感受均匀流畅的呼吸，达到全身放松的效果	120
热嗓	气泡音	充分放松喉头、面部，胸部松弛，口腔呈打哈欠状；由胸部缓缓升起一股微弱的气流，到达喉部时声带产生振动，被动地发出很低的断续的"啊"声（类似漱口时口里含着一包水仰头发出"咕嘟、咕嘟"的声音）	30
	轻度哼鸣	喉部放松，缓缓地、持续地小声发出"e"的音。反复十次	20

2. 正式练习

热"声"完成之后，就开始进入正式练声环节了，具体步骤如表2-6所示。

表 2-6　发声的正式练习

项　目	要　　点	练习内容	时长（秒）
打开口腔	放松下巴	用手扶住下巴，放松肌肉，然后缓缓抬头打开口腔，再缓缓低头闭口	10
	挺起软腭	用夸张吸气和"半打哈欠"的方式	30
	打开牙关	想象你面前有一个很大的苹果，你要尽量一口咬下去	30
	提起颧肌	面部放松，做微笑状	30
唇舌练习	撮唇	作亲吻状，上嘴唇够鼻尖，下嘴唇够下巴	30
	展唇	舒展而成扁平型	30
	弹唇	双唇闭合用气流冲出，发出小汽车"嘟噜"声	30
	伸舌	将舌头伸出来，尽量向前后左右努力伸展	30
	饶舌（20 次）	闭上嘴用舌头在口腔内转圈	30
	弹舌（20 次）	舌头顶在上齿背，用一股强气流把舌头顶开	30
	点舌练习	发"di"和"da"，先是慢节奏，然后节奏逐渐加快	30
气息训练	呼吸训练	慢吸快呼（2 次） 慢吸慢呼（2 次） 快吸快呼，像夏天狗喘气一样	20（每个步骤）
	"思"音与"啊"音	吸气呼出发"思"音，叹气发"啊"音，一口气	每个步骤40 秒
	数枣	吸气蓄气，匀速有控制地数枣：一颗枣两颗枣三颗枣四颗枣五颗枣六颗枣七颗枣八颗枣九颗枣十颗枣，十颗枣九颗枣……	120
	"嘿""哈"音	做好扎马步的动作，发"嘿""哈"	60

续表

项　目	要　点	练习内容	时长（秒）
喉部训练	花式"a"音	喉部放松，提起颧肌，用中低声区持续发"a"的声音（反复10次） "a"音由低到高（阶梯式） "a"音由小到大（弱强式） "a"音上下绕行（螺旋式） "a"音直上直下（阳平、去声式）	每个步骤持续20秒
共鸣训练	口腔音节练习	ba\da\ga\pa\ta\ka peng\pa\pi\pu\pai	30
	口腔词组练习	澎湃、冰雹、拍照、平静、抨击、批评	30
	鼻腔音节训练	ma\mi\mu\na\ni\nu	30
	鼻腔词组练习	妈妈、光芒、中央、接纳、头脑	30
	胸腔词组共鸣训练	百炼成钢、翻江倒海、追悔莫及	30

 课后练习

　　试试在正式练声之前进行热"声"练习，比较一下和不进行热"声"练习有何区别？

 扫码听声：音频欣赏2

第 3 课
科学练气：从无到有

"练声先练气"，气息稳固是声音中气十足的关键。气息训练包括呼吸方式训练、肺活量训练等多种方法，掌握正确的呼吸方式以及气息控制要领，是练声者长时间、高强度进行练声训练而不损伤咽喉的重要前提。

◁)) 3.1 基础呼吸方式：胸腹式联合呼吸法

练声者在练习时常常会面临这样的问题：

与人讲话时语速一快，就感觉到上气不接下气；

演讲时，会喘不过气甚至会感到呼吸困难；

面对观众无法缓解自己的紧张情绪；

……

这些问题产生的根本原因就是不会呼吸。错误的呼吸方式不仅会让练声者本人感到十分劳累，还会让声音缺乏力量、不够清楚，同时声音也会过于扁平，无法打动人心。

那么如何才能解决这一问题呢？首先要练习呼吸，这也是科学练气的第一步。

中国古代的养生术里有一句名言叫作"呼吸到脐，寿与天齐"，从养生角度看，这种深长的呼吸方法对人的身体健康有很大的益处。从发声的角度看，这种深长的呼吸方法能很好地帮助练声者把气吸到肺的底部，从而为其他发声器官的声音塑性提供更大的可行性。

这种深长的呼吸方法被称作"**胸腹式联合呼吸法**"，即人的胸部和腹部都参与到呼吸的过程中来。在声乐界和播音主持界，"胸腹式联合呼吸法"是大多数人认可和使用的主流呼吸方法，**它联合胸腔、膈肌**①、**腹肌控制气息，帮助练声者平稳地呼出气息。**

如果练声者能很好地掌握"胸腹式联合呼吸法"的技巧并能够自如地运用，那么发出音调铿锵、中气十足的声音将不再是难题。要想学会用胸腹式联合呼吸法发声，首先要了解其发声原理，并进行相应的腹肌与膈肌呼吸训练。

3.1.1　胸腹式联合呼吸法发声原理

虽然医学常识告诉我们，人的腹腔是一个封闭的腔体，里面没有呼吸器官，人体的气都在肺里，但为何人体在深呼吸时依然能感觉到气能到小腹、丹田那个位置呢？这其实与一块对呼吸至关重要的肌肉——膈肌有关。

膈肌的位置在胸腔和腹腔的中间，人体平静状态下的呼吸活动的气体交换，25% 靠的是肋骨的运动，75% 靠的则是膈肌的活动。

身体做深呼吸时，肺部就会扩张，膈肌下压，继而压迫了腹腔，腹腔感觉到压力，后腰也会借此力量胀起来，练声者也就会感觉身体里的气吸到了丹田，武侠小说中那些所谓的"气沉丹田"的感觉就是这么来的。胸腹式联合呼吸法示意，如图 3-1 所示。

---

① 　膈肌：为向上膨隆呈穹隆形的扁薄阔肌，位于胸腹腔之间，成为胸腔的底和腹腔的顶。膈为主要的呼吸肌，收缩时，膈穹窿下降，胸腔容积扩大，以助吸气；松弛时膈穹窿上升恢复原位，胸腔容积减少，以助呼气。

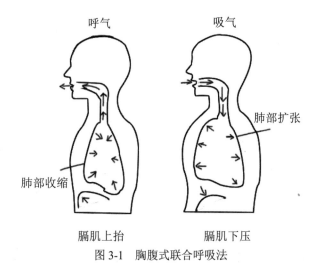

图 3-1　胸腹式联合呼吸法

　　所以说，膈肌作为重要的呼吸器官，对发声的重要性不言而喻。但不幸的是，人体无法直接控制和运用这块肌肉，这也是为什么科学界称这块膈肌为"非随意肌 ①"，一般来说，正常人是无法察觉到它的存在的。

　　虽然人体不能直接控制膈肌，但是却能通过改变腹部的内压，进而间接驱动膈肌运动，用这种方法来控制它的升降，这也意味着我们要练呼吸，首先要练的应该是腹肌。

3.1.2　腹肌呼吸训练要领

　　腹肌呼吸训练的要领主要有三个方面，即腹肌爆发力的训练、腹肌灵活性的训练以及腹肌与呼吸、发声主动配合感觉的训练。

1．腹肌爆发力的训练

　　腹肌的力量提升一定程度意味着核心力量的提升，着重进行腹

---

① 　随意肌是指脊椎动物的受躯体神经系统直接控制可随意运动的肌肉，非随意肌与之相反。

肌力量的训练对保持气息稳定和力量的传递都有非常大的作用。那么通过哪些训练项目可以快速训练腹肌爆发力呢？以下列举了三种训练项目，并介绍了相应的训练要领，如表 3-1 所示。

表 3-1　腹肌爆发力训练对照表

训练项目	训练要领	示意图
仰卧起坐	连续仰卧起坐 30~50 次	
仰卧举腿	30~50 次	
腹肌弹发练习	用腹肌爆发弹力将气集中成束送到口腔前部，口腔舌位开始一声一声地发"哈（ha）、嘿（hei）、嚯（huo）、呵（he）"四个音，注意腹肌弹发和舌根的配合，发出的声音，应该有力度，当能连续稳定在一定力度状态发音后，可以再改变音强、音高、力度强弱等	哈

2. 腹肌灵活性的训练

腹肌是否灵活决定了练声者能否自如地借助腹部力量控制气息。以下是锻炼腹肌灵活性的一种方式，如图 3-2 所示。

仰卧在平地上，背部紧贴地面，双手抱头，手臂打开，腿部抬起，缓慢进行类似蹬自行车的动作。

图 3-2　腹肌灵活性训练示意图

3. 腹肌与呼吸、发声主动配合感觉的训练

在拥有了一定的腹肌爆发力和灵活性之后，练声者还需要加强腹肌与呼吸、发声主动配合感觉的训练，以下是两种训练方法。

训练一：仰卧训练

在小腹上放上有重量但分布均匀的物体，如书本，感受腹肌随着深呼吸的收缩和松弛。当吸气较慢时，小腹会上抬，若过度收腹则会顶住膈肌，影响膈肌下降从而影响吸气量。体会此关联后，可以尝试发出长声单元音。

训练二：坐姿训练

双腿伸直，腰腹放松，上身左右旋转，当上身后仰吸气时，腹肌呈放松或稍微紧绷状态，当上身前倾呼气时，腹肌则会有意识地收缩送气。

加强腹肌锻炼，有助于加强呼吸时腹肌的参与感，对练声者来说是控制气息、保持气息平稳的一个重要训练方法。

3.1.3　膈肌呼吸训练要领

虽然说膈肌是非随意肌，体表不能感觉到膈肌的存在，也无法直接控制它，但依然还是有一些方法能够锻炼膈肌，来更好地进行呼吸。膈肌呼吸训练要领主要是膈肌的弹发训练。

与传统膈肌训练方法"狗喘气"不同，膈肌弹发训练一是变开口为闭口，二是变无声为有声，这样做的目的是减轻气流对喉部的摩擦，也能一定程度上避免膈肌疲劳而造成身体不适，其具体训练方法如下。

1. 深吸气，发出"hei"音

舌根在发"hei"音时，要有往前送的强烈弹动感，胸前剑突①下也要有明显向上的弹动感。在弹发"hei"音时，要控制膈肌正确地往上弹，需要注意膈肌的弹动与发音的一致性，避免出现先出气后出声或先出声后出气的现象。同时喉头部位要足够松弛，气弹出才可能弹发出"hei"音，否则会造成气声脱节，变成嗓子硬挤出的声音，就会格外难听。

2. 增加弹发"hei"音的次数

在膈肌单声弹发稳定的状态下，增加连续弹发"hei"音的次数，连发2个、3个、4个……直至可连续发出7~8个"hei"音，要注意，在连续弹发时给气的力量应该均匀，这样发出的音才能保持音质、音色、音高一致。

---

① 剑突，是指心脏区的胸壁前下端起保护心脏作用的软骨。

3. 由慢到快、轻巧有力地连续弹发"hei"音

这一步就是在第二步的基础上持续练习，要求能无限制并且轻松稳定地弹发出"hei"音。

4. 做改变音高、音量、音色、音长的膈肌弹发练习

在第二步和第三步的基础上，做强化练习，尝试改变音高、音长等。京剧中，老生 ① 的大笑状可以作为改变音高、音量、音色、音长的膈肌弹发练习的参考，练声者可以通过观察以及模仿其大笑的状态和发出的声音来感知膈肌的弹发程度不同带来的音高、音量、音色以及音长的变化。

膈肌的锻炼除了能让练声者的发声气息更加自如，同时，加强膈肌锻炼对缓解便秘以及帮助女性分娩都有非常大的作用。

课后练习

尝试做膈肌弹发练习，在呼气的同时弹发"hei"音，试试看你能连续弹发几个音吧？

◁》 3.2　气息基础课：训练呼吸，控制气息

气息是人体发声的动力和基础。发声时，气息的速度、流量、压力的大小与声音的高低、强弱、长短，以及共鸣情况都有直接关

---

① 老生又称须生，正生，或胡子生。胡子在京剧里的专有名词叫"髯口"。老生主要扮演中年以上的男性角色，唱和念白都用本嗓（真嗓）。老生基本上都是戴三绺的黑胡子，术语称"黑三"。另外还有灰色的，即花白的三绺胡子，专业名词叫"黪三"。白色的三绺胡子叫作"白三"。还有就是整片满口的胡子，不分绺，术语称"满"。

系。气息更是"声音大厦"的基础，想要自如地控制声音，驾驭语言，首先必须学会控制气息。

在京剧界有这样一句行话："气为声之本，气乃音之帅。"掌握良好的气息运用方式，不但可以让说话不累，还能起到美化音色的作用。早在我国古代声乐理论中就有"善歌者必先调其气"的论述，并强调："气催声发，声靠气传，无气不发声，发声必用气"，以此来说明气息训练的重要性。

气息训练主要包括呼吸练习和肺活量练习两个方面，其中，呼吸练习又分为深吸气、慢呼慢吸和快呼快吸 3 个要点，以下对此进行详细介绍。

3.2.1 深呼吸的训练方法

一部分人在日常说话时，经常会感觉一句话还未说完便上气不接下气，声音也越来越小。这就是气息不足的表现。通常情况下，练声者出现气息不足的时候会适当休息，调整呼吸，但是在很多正式的场合，可能没有中场休息的机会，那么如何在平时的训练中加强气息控制，使气息充足,饱满有力量呢？深呼吸是一种很好的方法。

深呼吸作为一种呼吸吐纳法，在锻炼肺活量的同时，既能放松精神、促进睡眠，更能帮助发声者克服恐惧，尤其是在面对众人进行演说或直播时，因为心情紧张，心跳加快，大脑一片空白，无法开口，这个时候进行有意识的深呼吸，可以适当缓解压力，提升身体含氧量，使心情迅速恢复平静。以下将对深吸气的方法、频次以及注意事项进行说明。

1. 深呼吸的方法

深呼吸说起来简单，就是吸气和呼气，但想要获得正确的深呼吸方法，首先还需要了解如何吸气和呼气。

吸气时，使腹部先膨胀，接着到达胸部，感觉到达极限之后，屏住呼吸几秒钟，然后再慢慢向外呼出气体，这一过程一定要缓慢且均匀，尽量让肺充满新鲜的气体；呼气则相反，需先收缩胸部，再收缩腹部，尽量最大程度让肺内的气体排出。这种呼吸方式能够非常好地交换体内空气，达到为其他脏器提供氧气的目的。

2. 深呼吸的频次

深呼吸虽然对身体有诸多好处，有些特定场合也强调深吸气的作用。但深呼吸不宜随时随地进行，因为深呼吸虽然很大程度上可以促进体内氧气循环，但深呼吸次数太多或过程太慢，也可能会导致缺氧，反而造成呼吸困难，另外也有可能造成身体不适。因此每天可以进行 2 ～ 3 次，每次持续 3 ～ 5 分钟为最佳，尽量选择空气清新的地方，同时要注意深呼吸应当采用腹式呼吸的方式，反复进行吸气呼气。

3. 深呼吸的注意事项

做深呼吸时要选择空气清新的环境，如公园或者小区树木茂盛的区域。时间以早上 8 点左右为宜，因为此时太阳升起，绿色植物开始进行光合作用，大量释放氧气，这样才能保证吸进肺部的是新鲜空气而不是废气，才能促进肺部健康。

3.2.2 慢吸慢呼的训练方法

慢吸慢呼是练声时常常采用的方法，通过不断练习使气息控制得更加均衡和平稳有力。具体方法是首先学会"蓄气"，即吸气，像嗅花香一样，自然舒畅地轻轻吸，吸得要足，然后气沉丹田，再慢慢放松，将气缓慢均匀地呼出，这一过程控制的时间越长越好。

　　吸气过程要尽量平静自然，力度不要太大，气不要吸得太多，但要吸得深。因为力度太大，气吸得过多，不仅不能解决发声时气息不够用的问题，反而更容易使身体僵硬，声音不流畅。需要注意的是，要用鼻子呼吸，不要用嘴呼吸。用鼻子呼吸时左右两个鼻孔所呼吸的力度是不同的，因此吸进去的气也是不同的。经过一段时间的练习，练声者会发现左右两个鼻孔之间的气能够相互循环，这也是练呼吸的一种方法。

　　呼气时，要注意吸气后不要马上吐气，仍要有意识地保持吸气时的状态，胸部不要塌陷，要感觉到吸气肌肉群将气息有力地吸入到肺的下端，当气息有了落点和支点时，再慢慢地放松吸气肌肉群，使气息均匀、连贯地呼出。

　　慢呼慢吸要做到四个字：深、长、匀、细。深，即呼吸程度一定要深；长，时间要拉得足够长，速度要慢；匀，不管是吸气还是呼气都应保持匀称；细，就是用力要细微，避免用力过猛，引起不适。

3.2.3　快吸快呼的训练方法

　　快吸快呼练习，俗称"蛤蟆气"，在京剧里也叫"狗喘气"。练习方法是依靠上腹部的弹跳将气息迅速地吸入，然后快速呼出，目的是练习横膈膜[①]的弹性。通过这一练习，可以很好地锻炼气息的控制能力、弹跳能力、支撑能力、持久能力等，从而以平稳的气息应对情绪激烈、热情洋溢的用声过程。

　　快吸快呼的要求是：吸得快，呼得也快。这种练习有利于增加呼吸器官的肌群功能的弹性和灵活性。快吸快呼要注意吸入的气体应饱满，呼气的时间虽短但也要保持均匀稳定。在整个呼吸活动过

---

① 　横膈膜是指人或哺乳动物胸腔和腹腔之间的膜状肌肉。收缩时胸腔扩大，松弛时胸腔缩小。

程中，呼吸肌群的积极程度始终要保持住。

这一练习动作强调的不是速度，而是深度，很多人做错这个动作就是过分地强调了速度而没有兼顾到呼吸的深度，吸气过程可以没有硬性要求，但呼气一定是越长越好。感到呼吸到达极限之后，尽量维持这个呼吸的深度再不断加速。每次练习持续一到两分钟，每天坚持练习。

3.2.4　肺活量的训练方法

肺活量是指在最大吸气后尽力呼气的气量。可将肺活量指标看作人体机能的基础性指标。而气息则是人体运用吸入体内的空气的技巧。对练声者而言，肺活量与气息相互作用，缺一不可。

一般来说，一个正常人的肺活量在 3000 ～ 4000 毫升之间，而被称为"飞鱼"的美国游泳运动健将菲尔普斯，他的肺活量达到了惊人的 15000 毫升，如此高的肺活量使菲尔普斯声名大噪，也获奖无数，而如此惊人的肺活量除一定的先天优势之外，与后天坚持不懈的刻苦训练也是分不开的。

歌手邓紫棋也因肺活量大、高音突出，被称作"小巨肺"，除了一部分与生俱来的特质，强大的肺活量与她长期以来坚持有氧运动和气息训练密不可分。

运动锻炼提升肺活量，气息训练则提高了运用气息的技巧。肺活量对于气息的长度有着至关重要的作用。那么，是否可以通过训练来增加自身的肺活量呢？答案是肯定的，下面就介绍 6 种肺活量的训练方法。

1. 保持正确的姿势

站有站姿，坐有坐姿。正确的身体姿势对提高肺活量也是有帮助的，长期保持正确的站姿和坐姿，肺活量可以得到显著提升。

所谓正确的站姿就是头正、双目平视前方，双肩放松、自然下沉，躯干挺直、挺胸收腹，双臂自然垂于体侧，双腿并拢立直。

正确的坐姿应该是小腿和双脚自然放置，臀部与凳子接触的面积最好不要超过三分之二，脊柱中立，双目平视前方，保持肩膀放松，肩胛骨微微下沉。

2. 游泳

游泳时因人体要承受很大的压力，加上冷水刺激肌肉紧缩，会使人感到呼吸困难，迫使人用力呼吸，加大呼吸深度，从而促使呼吸肌发达，胸围增大，肺活量增加，而且吸气时肺泡更加开放，换气顺畅，不仅有利于锻炼肺活量，对人体健康也是很有益处的。

3. 扩胸运动

肺活量主要取决于胸腔壁的扩张与收缩的宽舒程度，扩胸运动可以有效地防止肺活量下降，建议每天早晚各做一次，每次 100 个左右。

4. 跑步

跑步是锻炼肺部功能的一种简便有效的方法，跑步时注意做到呼吸自然，在这一过程中使身体的废气得到彻底排出，在锻炼提高肺活量的同时也有利于心肺器官良好运转。

跑步有诸多好处，但如果操作不当，反而会给身体带来伤害。在跑步前应进行适量的热身运动，另外要注意运动量的循序渐进，避免身体不适。

5. 跳绳

跳绳作为一项老少皆宜的全身性有氧健身运动，对心肺系统等各种脏器的健康、身体的协调性、姿态、减肥等都有相当大的帮助。

6. 吹气球

这是最为简便易行的增加肺活量的方法，很多医生将此作为治疗肺部疾病或提升术后病人肺部功能的方法。当练声者走路或者做家务时，反复练习吹气球，长期坚持，肺活量将会有显著的提升。

 课后练习

尝试用以上 4 种训练方法练习一下你的气息控制能力吧！尝试发一个长音，看看你能坚持多久？

3.3 气息提升课：气息训练的进阶之路

气息是否能够持续稳定对练声者是至关重要的，练声者应该重视气息练习，从而不断加强自身对气息的控制能力。本节课第二部分对气息训练的基础方法进行了介绍，但要想更快更好地取得效果，练声者在掌握气息训练的基础方法后还应当有更进一步的加强练习。

3.3.1 气息训练进阶法

日常发声过程中，用本能的呼吸方法发音，时间长了就会出现声带疲乏甚至声音嘶哑的情况。所谓科学地用气，就是要充分利用呼吸肌肉群即横膈膜连带腰腹肌来控制呼吸，最大限度地利用横膈膜，解放发声器官，使声音畅通。

气息训练，实质上是增加肺活量训练以及对抗横膈膜松懈。以

下就介绍 6 种气息训练的进阶方法，练声者可以选择适合自己的方法进行练习，只要坚持，一定会大有裨益。

1. "慢吸 5 秒—停吸 5 秒—慢呼 5 秒"

"慢吸 5 秒"时，要使小腹缓慢地鼓腹吸气；"停吸 5 秒"时，膨腹提臀，腰围扩张，不吸气却想着吸气的感觉；"慢呼 5 秒"时，腰围保持吸气的膨胀感，感觉向下缓慢均匀地呼气。通过这种练习，可以更好地、有意识地控制呼吸。

2. "S"音吹气

气息运用的长短及均匀也可通过"S"音吹气加以练习。所谓"S"音吹气，就是在练习时门齿轻合，嘴唇咧开，舌尖轻轻触下门齿，小腹深吸气之后，让气息从齿间摩擦而出，发出没有声音的"S"送气长音。一口气吐的时间越长越好，并且呼出的气息要缓慢均匀，呼吸越慢越长就越能体会到呼吸之间的对抗作用和气息需要由意识控制的力量。此时，要将注意力放在腰腹之间，体会气息饱满的状态，感觉一下门齿对气流形成阻力时膨腹提臀与腰部扩张上下用力的对抗感觉。

从时长可以看出气息是否充足，通常女生能坚持 20 秒以上，男生坚持 30 秒以上，就说明气息不错，关键是要把气息运用好。通过这一练习，可以加强练声者对气息的掌控。

3. "打喷嚏"练习

"打喷嚏"也是一种很好的气息控制方式。练声者在练习时，去体会"打喷嚏"前吸气和气息控制的感觉，体会"气息回流"和"气息倒灌"，这种联系可使呼吸器官腔体打开。这种下意识的深呼吸运动，可以很大程度补充人体对氧气的需要。

4. "惊喜"的状态练习

人在惊喜时，身体各腔体会迅速扩张。这种突发性的扩张运动，可使气息得到快速地控制，当练声者找到了这种"惊喜"的感觉之后，就能体会到气息被控制住的感觉。这时候的气息是呈静止状态的，不吸也不呼。与此同时，思想上要始终保持"吸气"的感觉和腔体的扩张，也可以随意活动下巴，这项练习能加深练唱者控制气息吸着不动的静观感觉，是一种非常重要的呼吸控制的辅助练习。

5. 吹纸法

找一张 A4 纸，嘴巴的位置大致位于纸的中下部，嘴巴与纸的距离在 10cm 左右，然后去吹这张纸。均匀稳定的气息会像气柱一般，使纸张形成一个固定的角度稳定一段时间。当气息不稳定时，纸张就会胡乱飘动。可通过加强练习"吹纸法"，控制气息稳定。

6. 打嘟

所谓打嘟，是由横膈膜扩张产生气流，冲击声带，使声带振动，同时又受到放松的双唇阻爆而形成的一连串的"嘟噜"声。

对于气息较浅的练声者，在打嘟的过程中可以体会到，没有气息的支持，长时间的"嘟噜"是打不出来的。打嘟练习可以有效体会到正确的气息支点，能使隔膜和腹部的肌肉有机地结合并产生强气流冲击声带，非常有助于喉头的相对稳定。

以上 6 种气息训练进阶练习方法是对气息控制给出的针对性方法，对控制气息、帮助气息平稳有很大的作用，练声者在掌握气息基础方法的前提下，可以强化练习进阶法。

3.3.2 "字音＋气息"的结合训练

气息练习取得一定进步之后，就可以开始声音训练了。声音训练也要循序渐进，尤其要注意字音的准确发声。这一练习的要领是"吐字归音，字正腔圆"，发音过程必须要咬准字头，收紧字尾，形成一个枣核形，这样才能做到出字有力、归音到位、诠字清晰，并且声音饱满有力。

在进行气息训练时，可以通过训练"hei-ha-hou-he"连发，来训练我们的横隔膜弹动，也可以用这个练习的变形方式来进行气息与字音结合的训练，以下是具体操作步骤。

练习时，用"ei"这个音，来感受小腹运动与字音的结合，有意识的在发"ei"音的时候，将小腹向内微收，这是第一阶段。随着训练的深入，会逐渐找到小腹微收与字音相结合的感觉，需要注意的是在开始练习阶段，一定会有小腹与字音不同步的问题，这时候就要有意识得去控制小腹，过了这一阶段后，就要逐渐地将意识从小腹上移开，实现"全自动"，这个只有通过反复的练习才能达到。

在改变"ei"向单音节词练习时，要注意一口气一个字，收一下小腹。然后把单字变为词，按照同样方法练习，最后逐渐过渡到短句。

除此之外，练声者日常还可通过练习绕口令来提升口腔的灵活度，提高发音的准确性。

借助气息控制来帮助准确咬字发音，是练声者应该要掌握的一种发音技巧，在气息训练到达一定程度之后，可以尝试用气息控制来发音，感受"字音＋气息"的结合训练，也可以检验气息训练的效果。

课后练习

尝试 "S" 音吹气训练，检验一下自身的气息是否充足。

扫码听声：音频欣赏 3

第4课
科学练嘴：声优不可忽视的硬功夫

播音界有一句俗话："音为腔服务，腔为字服务。"协调的口腔环境是练好咬字发音的前提。口腔是嘴部的组成部分，包括唇、舌、齿等很多重要的咬字器官都在嘴部。加强对嘴部的训练，能够使咬字更加清晰集中，缓解一部分喉咙压力，让发声更加轻松自如。

◁» 4.1　正确打开口腔

每一个听过《夜听刘筱》[①]的听众都会被主播刘筱富有磁性的声音所吸引，很多练声者都幻想自己也拥有如此温暖动人的声音。但大多数练声者每天坚持进行课后练习，一段时间下来，效果却不尽如人意，愤懑自己没有天生的好嗓音。其实，很多像刘筱一样的主播也不是天生拥有好嗓音的，都要经过后天的训练，才能呈现出如此动听悦耳的声音。因此，只要后期加以科学严谨的训练，声音是能够变得圆润饱满、充满感情的。

口腔作为语音的制造场，唇、舌、齿、颚等重要的咬字器官都在口腔里，口腔也是有声语的"中音区"共鸣腔。掌握口腔控制的要领和技巧，并加以科学、持久的训练，做到字正腔圆也并非难事。

这里所说的打开口腔，指的并不是"张大嘴说话"，而是指发音时口腔内壁肌肉紧绷，呈现"壁坚腔圆"的状态，即口腔里边的膛要大，使得各咬字器官运动自如，同时音波在口腔内能够得到良

---

① 《夜听刘筱》是刘筱创办的一档情感类视频节目。

好的共鸣，这样发出的声音才格外洪亮饱满。

口腔是人体发音共鸣腔中最容易控制的共鸣腔，练声者如何才能正确打开口腔，更好地进行练习呢？可以从以下 4 个方面入手。

4.1.1　动作一：提起颧肌

生活中，大家都会有这样的经历，当我们向他人讲述自己比较得意的事情时，往往会激动得眉飞色舞甚至手舞足蹈。这时讲述者的面部表情因为受到思想情感的驱使，可以让对方充分地感受到其内心的喜悦和兴奋。此时，即便没有露出牙齿，也依然能让人感觉到满脸笑意。这就是颧肌的作用，颧肌提起的面部表情是具有极大感染力的。

提起颧肌，是练声训练口腔控制要领之一，对提高声音亮度和字音清晰度都有非常明显的作用。具体方法是，提颧肌之前下巴微微后收，上下槽牙打开，软腭自然向上挺起，颧肌自然向上提。当颧肌提起时，口腔前部有向上抬起扩张的感觉，鼻孔略有扩大，上唇贴紧齿面，如图 4-1 所示。

图 4-1　提起颧肌示意图

在直播或演讲中，当颧肌提起，口腔打开，这时的面部表情呈现积极主动的状态，能够更好地配合思想感情运动的需要，此时发出的声音会格外明亮、圆润、积极。这里需要强调的是提起颧肌的运动与思想感情中情绪的调动相互协调、相互促进，二者缺一不可。

反之，不提颧肌则会让人感觉发声者表情淡然、懒散，说出的内容也是平淡无奇、苍白无力，此时无论发声者说的是什么内容，听众都会觉得传递的信息是没有任何活力和吸引力的，不要说打动、感染听众，就连将听众的注意力吸引过来都做不到。

4.1.2 动作二：打开牙关

打开牙关是指上下颌在发音时要有较大的开度，是练声者需掌握的口腔控制的基本要领之一。上下颌的开度对音色和发音的清晰度都有一定的影响，如图 4-2 所示。

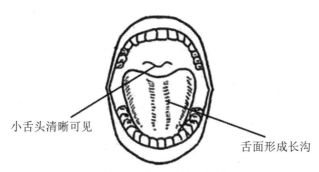

小舌头清晰可见

舌面形成长沟

图 4-2　打开牙关示意图

很多发声者在发声时会给人一种含糊不清的感觉，之所以有这种感觉是因为发声者在说话时，牙关没有完全打开，吐字不够清晰。所以打开牙关对练声者练习咬字发音是非常有帮助的，当牙关打开后，上下槽牙在咬字时产生一定距离，不仅能丰富口腔共鸣，还可以使咬字位置适中、力量稳当。

检查自己的牙关是否打开，可以伸出一根手指，摸一摸自己的鬓角，在耳朵附近有一个颌骨和头骨交汇的地方，在打哈欠牙关张开时，它就会陷下去。

练声者每天可通过反复练习嘴巴张开、闭合，让上下颚得到足够的放松。久而久之，牙关就能自然打开了。同时也可通过在口中含水或咬苹果的方法加以练习，找到头盖骨掀起的感觉，注意在练习时应控制自己的下巴，以免造成下巴脱臼。

4.1.3　动作三：挺起软腭

软腭是腭的后部，位于口腔上壁的后 1/3 处。软腭挺起时，上口盖合起，略微有打哈欠的感觉。挺软腭不仅可以扩大口腔后部空间，并且能有效地增加声音的圆润度。

很多练声者在练习时苦于自己音色难听，有时还会因为声音大量灌入鼻腔，产生鼻音。这是练声者没有很好地掌握在发生时如何挺起软腭，正确挺起软腭后，能够缩小鼻咽入口，从而避免声音灌入鼻腔造成鼻音，此时发出的声音也会更加清晰洪亮，有穿透力。

要找到挺软腭的感觉，最好的方式就是体会半打哈欠时的口腔状态，这个时候软腭挺起得恰到好处。练声者可以通过这种方式来更好地找寻这种感觉，也可在平时多读绕口令，感受软腭挺起时的状态，如图 4-3 所示。

软腭上提

图 4-3　挺起软腭示意图

这里需要提醒练声者的一点是：如果软腭挺得太过分，也会使声音听上去显得非常靠后，很不自然，必须挺起得恰到好处，这就需要练声者在平时多加练习，掌握好其中的度。

4.1.4 动作四：放松下巴

放松下巴也是练声者需要掌握的口腔控制技巧之一，有助于发音灵活顺畅。

很多练声者会存在下巴用力过度，不够松弛的问题。发声过程中，如果下巴太用力，会带动整个下颌、下唇都过于紧绷，也会造成喉部紧张，发出的声音也会显得非常局促，极其不顺畅，甚至有些傻气，给人非常不好的感觉。

想要缓解这种状态，需要练声者在发音的时候，做到提、开、挺三步，不要给下巴施加压力，下巴放松后，可以连带喉部放松，进而使声带松弛，发出的声音也更为舒展顺畅。练声者练习时可用手扶住下巴，放松肌肉，然后缓缓抬头打开口腔，再缓缓低头闭口，体会松下巴的感觉，如图 4-4 所示。

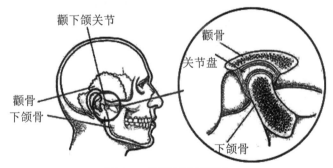

图 4-4　放松下巴示意图

或者也可以通过抬头看天、敲打下巴和晃动下巴的方式进行练习。但应注意，在练习时不要机械照搬，一提都提，一松都松，要

多多练习，逐渐掌握其中的平衡关系。

朗诵一篇你最近练声的文章，检查一下你是否存在吐字不清晰、鼻音过重的问题？

4.2　唇舌也有广播体操

一档《中国好声音》的节目，让主持人华少再次声名大噪，原因是他惊人的语速。华少的语速到底有多快？经网友统计，他的最高纪录是在 38 秒内连说 385 个字，平均每秒 10 个字，在现场没有提词器的情况下，还能做到不卡壳、不出错、不含糊，他也因此获得了"中国好舌头"的赞誉。

很多练声者都非常羡慕华少在语速那么快的情况下，还能保证每一个字都发音标准，并且没有出现错误，也感叹自己到底如何才能做到在讲话时"舌头不打结""嘴巴不打飘"。其实，华少的口播能达到如此厉害的程度，也是通过不断练习出来的。这里给练声者介绍一套可以每天练习的口部操，主要是口唇控制和舌部运动两个方面，来帮助练声者加强口腔控制。

4.2.1　口唇控制四要领

作为咬字发声的重要器官，很多字的发音都与唇有关。咬字器官的力量训练，主要集中在唇上，而很多练声者在练习时往往忽视了唇部的力量，更没有针对唇部进行科学的训练，所以总是感觉发声存在各种问题，最终取得的效果也不是很好。

系统科学地进行唇部训练，可以让整个唇部的肌肉更有力量。在发声时，能使唇部的力量更集中，有助于整个口腔在发声时处于积极状态，发出的声音也更加流畅有弹性。

如何才能使唇部力量集中，发声更有力呢？以下是 4 种常见的唇部训练方法，如表 4-1 所示。

表 4-1　唇部训练 4 种方法

训练方法	训练要领
喷	双唇紧闭，将唇的力量集中于后中纵线三分之一的部位，唇齿相依，不裹唇，阻住气流，然后突然连续喷气出声，发出 P、P、P 的音，连续练习 30 次左右。注意在喷气时力量要集中，力度要强，此操作完成后可能会有轻度麻感，属正常现象
咧	将双唇闭紧后向前噘起，然后将嘴角用力向两边伸展，做咧嘴状，反复进行 20 次左右。注意在咧嘴时要尽可能咧到最大，这样才能有更好的效果
撇	双唇闭紧后向前噘，然后想象一个正方形，沿正方形的四个点活动双唇，交替进行，打破唇部力量的结界，重复 20 次左右
绕	双唇闭紧向前噘起，然后呈顺时针或逆时针方向做转圈运动，增加唇部的灵活性，重复 20 次左右

唇是声音的主要出口，表 4-1 所示的 4 种唇部训练方法，是练声者应掌握的日常练声方法，在平时也应该加强唇部力量训练。

4.2.2　舌操六动作

听说过广播体操、眼保健操、健身操，但舌操大多数人可能都没听过。

舌头作为人体的重要器官，承担感知味道、发声等重要职责。日常生活中，很多人会因为舌头过大或过小、过扁或过宽、舌系带过短、舌肌力量不足等先天缺陷造成发音不准或发声困难等情况，这些问题都可以通过舌操得到很好的改善。

同时，舌部也是发声的重要器官之一，进行舌操训练一方面可以很好地帮助练声者锻炼舌部肌肉；另一方面也可以更大程度地帮助练声，使发音咬字更加清晰，出声更加自如流畅。

舌部力量集中，舌位准确、鲜明是练声者进行舌操练习最重要的目的。舌操的练习主要有以下 7 个步骤。

1. 伸舌

舌向口外缓慢用力伸出，并向上下左右尽力伸展，反复进行 30 次左右，伸舌的主要目的是加强舌垂直肌和部分舌外肌的活跃性。

2. 顶舌

闭唇后，舌尖用力顶住左内颊，同样用力顶住右内颊，左右交替，反复进行 20 次左右即可，顶舌的主要目的是锻炼舌头的灵活性。

3. 卷舌

舌尖抵住上犬齿龈，沿着硬腭向后用力卷舌，反复进行 30 次左右，卷舌主要是为了锻炼舌上纵肌和舌外肌的功能，增加舌头的弹性。

4. 绕舌

同口腔控制的"绕"，绕舌是指舌头在齿前唇后呈顺时针或逆时针方向 360°环绕，反复交替进行 20 次左右，绕舌目的是使舌体力量集中。

5. 立舌

舌尖向后贴紧左侧槽牙齿背，然后将舌沿齿背用力推至门齿中间，让舌尖借助力量向右侧翻转，相反方向同理，反复练习 20 次左右，这一练习有利于改善边音"l"的发音。

6. 弹舌

口微微张开，舌尖处在与上齿龈接触的状态，用持续稳劲的气息推动舌尖做快速的弹动，重复 30 次左右，这一练习不仅有利于舌尖的灵活，对气息的控制也有一定的帮助。

7. 咬舌

上下齿轻轻咬住舌面，边咬边向外伸，然后向内缩，同时发出"da"的声音，重复 20 次左右，咬舌的主要目的是增强舌部力量，使发出的声音干净明亮。

学习了舌操的步骤，尝试做做卷舌吧！可以让身旁的小伙伴检查一下是否标准。

4.3　练好口部肌肉

口部肌肉的运动是语言能力的基础，只有能够灵活控制口部肌肉，练声者才能更加轻松地进行课后练习。

练声者长久不断地反复进行课后练习，很大一部分原因就是为了使身体尤其是发声器官形成肌肉记忆。大量地进行口部肌肉训练，一方面能够使练声者越来越放松，越来越熟练；另一方面也使得发音更加流畅自然，嗓音也更圆润饱满。那么，如何才能练好口部肌肉呢？本节将从 3 个方面进行说明。

4.3.1　开合训练

很多练声者在练习时经常出现吐字不清晰、含糊的情况，这就是口腔开合度不够造成的。口腔打不开，口腔内壁空间不够大，各咬字器官无法自如运行，音波也无法在口腔内得到良好的共鸣，发出的声音也就软绵绵，不够洪亮，吐字也含混不清，甚至会造成听觉错误。

因此，练声者在练习时一定要加强口部开合训练，对克服口腔开度有非常大的帮助作用。口部的开合训练是锻炼口部肌肉的一个重要方式，有助于口部肌肉的放松。

练声者在做开合训练时，像打哈欠那样张口，像咬苹果时那样闭口。开口时，两边的嘴角向斜上方轻轻扬起，上下唇自然放松，舌头呈放平状态。这样声音才能更加流畅自然。

为加大口腔开度，使发声更加清晰洪亮，练声者应重视这一练习。但要注意在进行口部开合训练时开口的动作一定要柔和，以免操作不当造成肌肉损伤或其他损伤。

4.3.2　咀嚼训练

在生活中，人们常常会遇到吃饭时突然咬到舌头，或说话时舌头突然打结、嘴巴也打瓢的情况，这是由于很多人没有经过系统专业的训练，口部肌肉没有得到很好地锻炼，唇、舌、齿之前契合度不够，这也就是人们常说的"舌头和牙齿打架"。

咀嚼训练，顾名思义，就是口部做咀嚼食物状。科学有效地进行咀嚼训练，不仅可以充分地锻炼咀嚼肌、颌骨和牙槽骨，更有利于增加唇、舌、齿三者之间的契合度，长期进行此项训练，就能渐渐减少在说话时出现舌头打结、嘴巴打瓢的情况了。

进行咀嚼训练时，既可以空口咀嚼，也可以通过咀嚼一些硬而粗糙、纤维成分含量高的食物进行咀嚼训练，如牛肉干、芹菜、坚果等。无论是空口咀嚼还是食物咀嚼，对咀嚼肌都能起到很好的锻炼作用，但应注意，空口咀嚼时应该将张口咀嚼和闭口咀嚼结合进行。

练声者在做咀嚼训练时应注意适度，不能长时间进行，尤其是咀嚼一些硬度较高的食物时，必须两颊交替，以免造成两边脸不对称或咬肌过于发达，从而影响整体面容。

4.3.3　微笑训练

所谓微笑训练，其实就是对笑肌的锻炼。笑肌就是人们常说的"苹果肌"，但是"苹果肌"并不是肌肉，而是颧骨前的脂肪组织。饱满的"苹果肌"可以让脸颊呈现出像苹果一般的曲线，即使不笑，也会给他人一种笑的感觉，笑起来也会更为甜美。试想，当一个人说话时总是面带笑意，给他人带来很好的感受，双方交谈也会更顺利。反之，当一个人说话时面无表情，就会给人很大的压迫感，这就是微笑表情的作用。

微笑训练，不仅有助于充分调动面部肌肉，让面部表情更加丰富，有助于说话更加流畅自然，也能够增加说话的亲和力，从而提高关注度。

做微笑训练时，可以发字母"E"的音，嘴角向两侧上提，嘴唇包住下排牙齿，持续做微笑的表情，可以很好地锻炼笑肌，或者也可采用咬筷子的方式保持微笑。微笑训练虽然对练声有很大帮助，但微笑应该得当，不能给人以假笑的感觉。

还应注意，在做微笑训练时，保持微笑一段时间后应适当活动脸部，以免出现脸部过于僵硬的情况。

课后练习

找一根粗细适中的筷子，轻轻咬住，练习一下你的微笑表情吧！

4.4 练嘴素材清单

在了解了一些关于口部肌肉训练的方法后，练声者平时应该加强这些练习来更好地锻炼口部肌肉。那么应当如何灵活运用这些方法呢？读哪些内容对练习口部肌肉更有帮助呢？经验表明，多进行绕口令练习是一个很好的方式。本节列举了一些用于练习口部肌肉的绕口令素材，供练声者参考。

4.4.1 唇部训练素材

唇部训练在整个练声过程中是很重要的，此项训练主要集中在唇力和唇音两个方面，以下对唇力和唇音的练习都列举了一些素材。

1. 唇力锻炼

口腔的唇部其实是很有力量的，当唇部的力量被激发出来之后，整个练声的过程也会变得容易很多，字音会读得更清晰准确，说话也会更加铿锵有力。下面列举了 4 个针对唇部力量练习的绕口令素材，供练声者参考。

（1）巴老爷有八十八棵芭蕉树，来了八十八个把式要在巴老爷八十八棵芭蕉树下住。巴老爷拔了八十八棵芭蕉树，不让八十八个把式在八十八棵芭蕉树下住。八十八个把式烧了八十八棵芭蕉树，巴老爷在八十八棵树边哭。

（2）爸爸抱宝宝，跑到布铺买布做长袍。宝宝穿了长袍不会跑。布长袍破了还要用布补，再跑到布铺买布补长袍。

（3）一平盆面，烙一平盆饼，饼碰盆，盆碰饼。

（4）白庙外蹲一只白猫，白庙里有一顶白帽。白庙外的白猫看见了白帽，叼着白庙里的白帽跑出了白庙。

2. 唇音锻炼

唇是声音的主要出口，唇音是由嘴唇发出来的辅音，唇音的锻炼实际上也是唇形的锻炼，普通话的全部音节都与唇形有非常密切的关系。科学有效的唇音锻炼能使声音更集中。针对唇音训练，下面也列举了 4 个绕口令素材，供练声者参考。

（1）老方扛着黄幌子，老黄扛着方幌子。老方要拿老黄的方幌子，老黄要拿老方的黄幌子，末了儿方幌子碰破了黄幌子，黄幌子碰破了方幌子。

（2）粉红墙上画凤凰，凤凰画在粉红墙。红凤凰，粉凤凰，红粉凤凰，花凤凰。

（3）八了百了标了兵了奔了北了坡，炮了兵了并了排了北了边了跑，炮了兵了怕了把了标了兵了碰，标了兵了怕了碰了炮了兵了炮。

（4）吃葡萄不吐葡萄皮，不吃葡萄倒吐葡萄皮。

4.4.2 舌部训练素材

常做舌操等舌部肌肉训练动作，不仅可以强化舌内肌肉，增加舌内肌肉的运动性，也可以增加舌头的灵活性。舌部训练主要集中锻炼舌根音、舌面音和舌尖中音，其中舌根音和舌面音可一起练习。

1. 舌根音、舌面音训练

舌面音就是声母里的"j""q""x"，舌根音包括声母里的"g""k""h"和后鼻韵母的韵尾"ng"。练声者进行舌面音和舌根音的训练，有助于对气息的控制，也能帮助发音更准确。以下针对舌根音和舌面音也列举了 4 个素材。

（1）七巷一个漆匠，西巷一个锡匠，七巷漆匠用了西巷锡匠的锡，西巷锡匠拿了七巷漆匠的漆，七巷漆匠气西巷锡匠拿了漆，西巷锡匠讥七巷漆匠拿了锡。

（2）哥挎瓜筐过宽沟，哥挎瓜筐过宽沟，赶快过沟看怪狗，光看怪狗瓜筐扣，瓜滚筐空哥怪狗。

（3）老爷堂上一面鼓，鼓上一只皮老虎。老虎抓破堂上的鼓，拿块破布补破裤，只见过破布补破裤，哪见过破布补破裤，哪见过破布补破鼓？

（4）哥哥挂钩，钩挂哥哥刚穿的白小褂儿。姑姑隔着隔扇去钩鼓，鼓高姑姑难钩鼓，哥哥帮姑去钩鼓，姑姑帮哥哥把小褂儿补。

2. 舌尖中音训练

舌尖中音包括声母"d""t""l""n"。练声者着重舌尖中音的练习，一方面有助于加强舌尖和上齿龈的协调度和灵活性，也有利于克服很多南方练声者"l""n"不分的问题。以下是针对舌尖中音的训练列举的素材。

（1）老罗拉了一车梨，老李拉了一车栗。老罗人称大力罗，老李人称李大力。老罗拉梨做梨酒，老李拉栗去换梨。

（2）大刀对单刀，单刀对大刀。大刀斗单刀，单刀夺大刀。

（3）有个面铺门朝南，门上挂着蓝布棉门帘，摘了蓝布棉门帘，面铺门朝南，挂上蓝布棉门帘，面铺还是门朝南。

（4）你会炖炖冻豆腐，你来炖我的炖冻豆腐；你不会炖炖冻豆腐，别胡炖乱炖炖坏了我的炖冻豆腐。

以上简单罗列了一些唇舌训练的绕口令素材，还有很多关于锻炼舌根音、舌面音和舌尖中音的绕口令。要想正确控制唇部肌肉和舌部肌肉，更好地发声，需要练声者坚持不懈地练习。

课后练习

选取练嘴素材清单中的几段绕口令，反复朗读，加强唇舌训练。

 扫码听声：音频欣赏 4

第5课
科学护嗓：连续说话6小时不累不哑

《素问》说："喉主天气，咽主地气。"嗓子作为咽喉的组成部分，不仅是重要的发声器官，嗓子的好坏也关系到身体健康。练声者想要取得更好的练习效果，需要一副好的嗓子作为支撑，只有使用科学的护嗓方法，保护好嗓子，才能发出清晰真切、优美动听的声音。

◁⟩ 5.1 危害极大的4个护嗓误区

2020年11月3日，中央电视台主持人康辉在播报《新闻联播》时，因连续口播20多分钟而登上热搜榜。通常新闻口播的时间并不会太长，一般控制在3分钟左右，而且稿件是事先熟悉过的。而康辉在这20多分钟的口播过程中面对临时口播稿，零失误并且全程保持微笑状态，节奏平稳，不慌不乱，播报的每一个字都字正腔圆，也令广大网友再一次被他的专业能力折服。

对普通练声者而言，不要说持续20多分钟保持同一个说话频率和水准，单是连续念上20分钟的文章都感觉很累。很多人在长时间说话后，会觉得嗓子干、痒、痛，甚至有一种嗓子马上要冒火的感觉，想立刻喝水、吃润喉糖。殊不知这些看似护嗓的举动，实际上会对嗓子带来更大的伤害。这就好比操作员操作机器一样，既要会运转，又要会保养，否则会缩短机器的使用寿命。练声者平时需要高强度用嗓，在学会科学练声的同时，也要掌握科学护嗓的方法，这样才能确保嗓子保持最佳的"工作状态"，更好地进行练声。

怎样才能有一个好嗓子，确保自己声音好听而且说话不累？懂得正确的用嗓和护嗓方法是关键之处。生活中，很多人知道远离烟酒、不要大喊大叫、保持充足的睡眠和休息有利于保护嗓子，但还是存在很多护嗓方面的认知错误，甚至一些常见的方法都是错误的。本节将对 4 种常见的护嗓误区进行纠正。

5.1.1　误区一：嗓子疲劳就用"护嗓药"

2018 年 12 月 28 号晚上，刘德华在香港红磡体育馆举办他的第十四场演唱会，因为嗓子发炎不得不终止本场演唱会并且将后续的 7 场演唱会也取消了。舞台上，刘德华感到非常遗憾和抱歉，在现场哭着向观众鞠躬道歉。此前，刘德华已经连续唱了十余场，高强度的演唱使他的嗓子极度疲劳，如果不马上停止，造成声带过度损伤，或许以后将不再能唱歌，更严重的情况甚至可能会失声。

声带是咽喉的一部分，也是发声器官的主要组成部分，一旦咽喉发炎，声带也会受到损伤，会给发声带来一系列的问题。比如声带水肿、充血等，引发声音嘶哑、发声困难等症状。对于需要经常用嗓的人来说，如主播、歌手、教师、销售人员等，每天不断地与人沟通交谈，用嗓频率极高，声带也一直处于工作状态。

通常情况下，大多数练声者在遇到嗓子不适时，会马上吃点润喉糖或者清嗓片。现在市面上也有很多护嗓药、护嗓茶，如西瓜霜、金嗓子、枇杷膏、草珊瑚含片、胖大海、罗汉果茶等，这些护嗓药、护嗓茶主要以清火解毒、利咽的成分为主，对于上火引起的咽喉发炎有一定缓解作用。

但是俗话说，"是药三分毒"，这些药物大都比较寒凉，不适用于嗓子疲劳、受寒引起的不适。长期滥用这些药物，还会对口腔黏膜产生刺激，抑制口腔及咽喉内部的菌群正常生长，扰乱口腔内环境，造成菌群失调，容易导致口腔溃疡类疾病发生。

用嗓过度、感冒、感染、季节更替、过敏等原因都会引发嗓子出现一些问题，只有找准原因对症下药才能起到缓解症状的作用，否则滥用药物对嗓子而言就是雪上加霜。

5.1.2　误区二：长时间用嗓后马上喝水

众所周知，水是生命之源！多喝水对身体健康有益，嗓子更是离不开水的滋养，尤其是秋冬干燥季节或长时间高强度用嗓过后，更要注意及时补充水分。但你真的"会喝水"吗？

生活中很多人在过度用嗓，感到嗓子不舒服时，会立刻猛灌几大口水下去，认为此时多喝水能够迅速缓解嗓子不适，避免嗓子受损。殊不知这样非但不能起到滋润嗓子的作用，还会对嗓子产生不良的刺激。这是因为嗓子在长时间使用后都会有一定程度的摩擦受损，而人的身体会自动分泌一些液体来保护创面，这时，如果一次性饮入太多水（多于 300 毫升），会冲淡这些有益于自我保护与修复伤口的分泌物，不仅起不到保护作用，反而会加重嗓子受损。

正确的方法应该是，用嗓之前先摄入足够的水，用嗓后休息片刻再补充适量的水分，或者也可以适量地饮用一些温蜂蜜水或淡果汁，也可以在用嗓期间多次少量地饮一些温开水或淡茶水，保持嗓子湿润。

另外，需要格外注意的一点是，很多人会在长时间用嗓之后立马摄入大量的凉水甚至冰水。这是极其错误的，长时间用嗓后一定不能饮用冰镇饮料或凉水，因为人体的嗓子在长时间工作后，声带剧烈振动摩擦发热，咽喉部黏膜肿胀，充血明显，此时如果饮入大量的冰水、冰饮料，嗓子突然受到寒冷的刺激，血管就会骤然收缩，使局部血液循环受到影响，造成局部代谢障碍，从而使加重充血肿胀的症状，甚至有可能引起发烧或造成短暂的失声，这就好比高温加热后的玻璃受到冷水的刺激可能会炸裂是一个道理。

5.1.3 误区三：嗓子不适要清嗓

生活中经常看到这样的情景，很多人在上台演讲、唱歌前或其他场合，或许是为了提示他人自己即将开始讲话，也或许为了能够更好地发挥，都会不自觉地"咳、咳、咳"来清清嗓子。一些人在平常感到嗓子不适时，也习惯性地咳嗽两声。其实，这是一种很不好的习惯，频繁地用力清嗓有可能会对嗓子造成伤害。

从医学上说，清嗓这一动作会造成声带损伤进而影响正常交流，主要是因为用力清嗓的瞬间，气流冲击声带时会使声带瞬间剧烈振动，由此容易导致声带充血，如果用力过猛或持续时间较长，则极有可能引起不同程度的声音嘶哑。同时，在正常情况下，人体的咽喉黏膜表面附着一层分泌物，起到保湿、杀菌、抗感染的屏障作用，反复用力清嗓可能会使这层黏膜屏障受损甚至引发咽喉感染。

如果练声者在练习时觉得嗓子实在难受，可以轻声咳嗽清理，同时小口喝一点温水，还可以对喉部进行简单按摩，这些都对缓解喉部肌肉和咽部肌肉过度紧张与不适有所帮助。按摩的具体方法是用食指和拇指，按在喉部中间两侧，两个指头各自旋转轻轻按揉3分钟左右。

另外需要注意的一点是，练声者在练习时应当避免大喊大叫或尖叫，但也不提倡用假声说话或刻意地低声耳语，这样的发声方式会过度使用到环甲肌，也就是紧靠在喉结正下方的特殊肌肉，这样容易使声带始终处于紧张状态，从而对喉咙造成一定负担，长时间使用这样的发声方式会加重声带疲劳，造成不同程度的声带受损。

因此，练声者练习时既不能高声说话，也不能低声细语，应该保持一个适当的说话音量。

5.1.4　误区四：用嗓和姿势没关系

在声乐演唱中有这样一个说法："姿势是呼吸的源泉，呼吸是发声的源泉。"因此歌唱家在舞台上演唱时的姿势都非常挺拔端庄。正确的姿势不仅给人以美感，带来更好的视觉体验，更重要的是有利于呼吸，能够更好地保持良好的发声状态。

好的声音应该是清晰顺畅、洪亮饱满、富有感染力的。就像跑步、游泳等竞技运动一样，运动员在训练时，都非常注意姿势的正确性，在比赛时如果姿势变形走样，将直接影响成绩。

俗话说，"牵一发而动全身"，人体是一个不可分割的有机整体。正确的人体姿势是保证良好发声的前提，发声时，身体各部分必须互相配合，协调工作，发出的声音才能更加流畅自然、悦耳动听。

好的身体姿势应呈现一种精神饱满、积极向上的状态。姿势分站姿和坐姿两种。处于站姿时，身体自然直立，双肩放松，双手自然下垂，头要正，双眼平视前方，注意此时身体应感到非常放松，没有紧张和不自然的感觉，不要刻意挺胸，让身体保持一个自然稳定的状态，如图 5-1 所示。处于坐姿时，坐下后身体不要太靠后，应当稍稍往前靠，挺直腰部，让臀部坐稳，胯部有向下沉的感觉，双手自然放于桌面，上身自然直立但不要挺胸，如图 5-2 所示。

无论是站姿还是坐姿，在发音时的总体感觉应该是气息下沉，咽部处于放松的状态，不会过于紧绷，发出的声音也应该是贯通顺畅的，气随情动，声随情走。练声者在练声时应当刻意练习姿势，身体处于一个正确的姿势时进行课后练习更轻松。

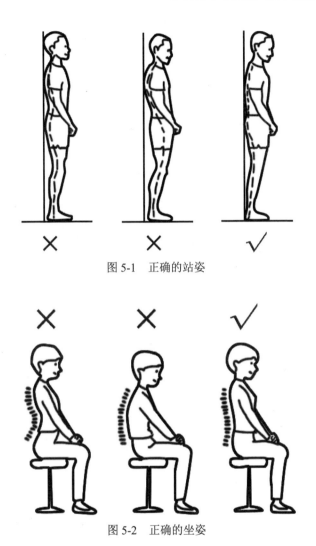

图 5-1　正确的站姿

图 5-2　正确的坐姿

课后练习

　　尝试感受不同站姿和坐姿下发音的不同，找到最合适自己的发
声姿势！

◁》 5.2　科学护嗓、养嗓方法

历年中央电视台春节联欢晚会结束之时，《难忘今宵》作为标志性的曲目，总能激发观众的情怀。众多歌唱者中，李谷一老师绝对是最引人注目的一位。临近杖朝之年的李谷一老师嗓音仍然如年轻时一般轻巧流畅、清亮柔润、中气十足。这与其平时对嗓子的保养是分不开的。

判断发声者的基本功好不好，非常重要的一点就在于声音。一个好的发声者发表现场讲话时能在不使用任何扩音设备的情况下，让第一排的人听得舒服，最后一排的人听得清楚。而且讲话的时间一般较长，大都在 2 个小时以上，如此高强度的用嗓，还要保证声音效果，有没有特殊的护嗓办法呢？

教师、销售员、网络主播等很多职业都需要长时间不停地说话，高强度地用嗓，常常使他们的声带受到损害，严重时甚至需要去医院进行治疗，有没有好的办法保养嗓子呢？

下面将对有护嗓"体操"之称的发音方式——"气泡音"进行介绍，同时也给练声者们介绍一套十分实用的《养声六大法》。

5.2.1　护嗓"体操"气泡音

"气泡音"，顾名思义，就是像鱼吐泡泡一样的声音。漱口时嘴巴含着一口水仰头发出"咕噜、咕噜"的声音，这种声音会一直持续到胸腔中的空气用尽为止，这应该是气泡音最直观形象的体现。本节将从气泡音的好处和如何正确发出气泡音两方面进行介绍。

1. 气泡音的好处

通常来说，喉头位置不稳和嗓子过于紧绷是导致嗓子不舒服的两大常见原因。而气泡音可以很好地解决这两个问题，其好处主要表现在以下 5 个方面。

（1）感悟发声状态

当练声者逐渐掌握发出气泡音的诀窍后，可以从最初的大气泡转为小气泡，再转为密集气泡，随着气泡音共鸣位置的变化上升，可以很好地体会发声过程中的连续状态。

（2）训练气息控制

气泡音所需要的气流是稳定而微弱的，所以在练习气泡音的同时也需要加强对气息的控制，练习气泡音对气息控制的训练也是非常有好处的，可以一定程度上改善一些练声者发音较虚或发音不稳定的问题。

（3）强化声音质感

气泡音最直观的是声带振动发声，可以很好地让练声者体会声带振动时的张力和对气流的阻力以及音调高低的变化。发出气泡音时，喉头、面部、胸部都得到充分的放松，发出的声音也更为稳定，有质感。

（4）增强中声区能力

在发气泡音的过程中，声带由松到紧，声音由低声区向中声区过渡，这一过程中使那些没有"音质"的人得到"质"。所以练习气泡音对增强中声区能力也有很大的帮助。

（5）治疗咽喉疾病

气泡音在发声过程中还能对声带起到一定的按摩作用，让声带放松，让嗓子还原。当觉得嗓子劳累时，多做气泡音的练习，可

以有效缓解嗓子疲劳，也对喉炎和声带小结等疾病的康复有一定的作用。

2. 气泡音发音技巧

气泡音的好处既然这么多，气泡音该怎么发呢？

首先，放松口腔、喉咙以及身体其他部位，做出半打哈欠的口型。接下来，发一个较长的"啊"音，类似于医生检查喉咙时发出的音，然后慢慢地不断降低音调，气泡音就自然发出来了。当发音到最低音区时，就会听到声音如一串气泡冒出来，随着气息的调节，气泡可大可小，可疏可密，有点像夏天青蛙的鸣叫，又有点像摩托车打火时的引擎声。

练习气泡音最好的时段是早上，因为早上身体处于最放松状态，起床前平躺在床上，练习发气泡音，会更容易找到感觉。要注意的是发气泡音时，所用的气息不能过猛过大，也不能主动地绷紧声带和颈部用力，身体各部位都应该处于完全放松的状态，否则很难发出气泡音。

5.2.2　嗓子的日常保养方法

很多人在生活中常常会感到嗓子有异物、喉咙干、说话稍多声音就嘶哑，这些其实都是嗓子发出的警报！提醒练声者们注意保护嗓子，嗓子其实很脆弱，经常用嗓的人更应多加注意保护嗓子。针对一些护嗓的误区，下面罗列出了 7 种护嗓养嗓的方法，供练声者参考。

1. 注意说话方式和时间

平时说话时应该注意说话方式，语速和语调要适当，沟通交流要尽量平和，而且语速不宜过快，话与话之间要注意停顿吸气，一句话不要拉得太长。也不要经常大声说话，更不能过分地大吼大叫，这样可能会导致嗓子沙哑，严重时甚至失声。

但这并不表明说话应当低声细语，过于压低声音说话不仅对嗓子起不到任何保养作用，反而会加重嗓子的负担。另外，如果嗓子哑了仍然需要说话，用正常的语速语调即可，刻意抬高或压低声音都不利于嗓子的恢复。

每天说话的总时长最好不要超过三个小时，连续说话不要超过一个半小时，要让声带充分休息。要尽量避免嘴呼吸，采用鼻子吸气，改胸式呼吸为腹式呼吸。总之，尽量限制工作之外的说话时间，减少不必要的长时间聊天或打电话。

2. 多喝温水或蜂蜜水

网上很流行"多喝热水"这句话，虽然很多人对此不以为然，但事实上多喝热水对身体是有很多好处的。喉咙的滋润更是离不开水分，特别是秋冬季节，天气逐渐转凉的同时空气湿度也在下降，即使在日常的呼吸中呼吸道也会干涩难耐，经常开口说话则会加剧这一感受，这时补充水分就显得尤为重要。

不过喝水也是有学问的，如果拿起水，几大口喝下去，这样非但不能起到润喉的作用，还会对喉咙造成不良刺激。正确的方法应该是多次小口饮水，让水充分地滋润喉部，这样才能不破坏口腔内部的自身菌群，注意应该饮温热水而不是冷水或冰水。

另外，蜂蜜水对喉咙也有很好的滋养作用，过度用嗓，可以适量地饮一些蜂蜜水滋润嗓子。

3. 保持干净湿润的口腔环境

养成每天早晚及饭后用淡盐水漱口的良好习惯，不仅可以保持咽部清洁卫生，还能一定程度上避免咽喉炎及上呼吸道感染引发的炎症。

若在干燥的环境下待得太久或感到口渴时，应该及时饮水，补充水分，保持口腔湿润，防止喉咙干痒。

4. 按摩喉咙

用食指和拇指按在喉结两侧的肌肉上，轻轻地用两个指头各自旋转按揉，每次 3 分钟左右为宜，可起到缓解喉肌和咽部肌肉过度紧张的作用。

5. 清淡饮食

喜欢吃巧克力、甜品的练声者要注意，过甜的食物对声带是有一定刺激的，摄入过多的甜食对保护声带非常不利。而辛辣以及其他刺激性的食物对声带的影响更大。另外，平时也应该注意饮食清淡，戒烟少酒，也应注意远离吸烟的人，避免二手烟的吸入。过冷的食物容易造成肌肉收缩，不利于肌肉的舒展，也应少吃。

日常偶尔吃一点影响不大，但在需要演讲或演唱前，或者声音已经出现嘶哑、低沉的情况时，要注意远离这些食物。

6. 养成良好的生活习惯

养成良好的锻炼习惯，通过加强运动来提高自身的身体素质，增强抵抗力，避免咽喉疾病的发生。空气混浊的地方，如夜店、酒吧等也应少去或不去，避免吸入大量混浊的废气。平时也应注意保证充足的睡眠，睡眠不足会引起声带充血、喉肌疲劳，致使声音黯淡嘶哑。

最后，和大家分享一下中国著名京剧表演艺术家梅兰芳先生的嗓音保健方法：精神畅快、心平气和、饮食有节、寒暖当心、起居以时、劳逸均匀、练嗓保嗓、学贵有恒、由低升高、量力而行、五音饱满、唱出剧情。

学习了如何发气泡音，按照方法，你也尝试发一下气泡音吧！

5.3　如何拥有不干、不哑的金嗓子

张学友被众多歌迷誉为"歌神"，很多人喜爱他的歌曲，源自于他独特的嗓音。他的声音十分有层次感，高音明准，低音沉浑，鼻腔共鸣有厚重的金属感，加上将哭腔、叹气唱法、纯鼻子唱法等歌唱技巧运用得淋漓尽致，他的每一首歌都别具风味，也形成了极具特色的"张氏唱腔"。

张学友对气息的把控能力也极强，一般人在 KTV 唱两三个小时，不是走音就是嗓子哑，但张学友的演唱会连唱带跳几个小时都不会出现走音，即使五十多岁依然能保持这样一种较高的水准，这与他平时对嗓子的锻炼有很大关系。

想要掌握高超的气息控制和声音运用技巧也并非难事，本节就介绍 4 种控制喉咙的方法和 10 个练嗓的技巧，帮助练声者轻松掌握用声技巧。

5.3.1　喉咙控制

喉头和声带位于咽和气管之间，也就是我们常说的"嗓子"，如图 5-3 所示。一个人音质的好坏是各个器官相互配合的结果，而喉部的构造最大限度地决定了一个人的声音特征。因此，控制好喉咙对发声有着至关重要的作用。想更好地控制喉咙，拥有好声音，可以从以下 4 个方面进行。

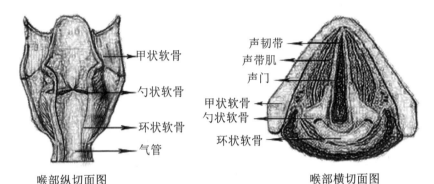

喉部纵切面图   喉部横切面图

图 5-3　喉部构造图

1. 喉部充分放松

过于紧绷的喉部非常不利于发声，不仅发出的声音扁平难听，还会对喉部本身以及其他发声器官造成伤害。发声时，应当尽量让喉部保持一个相对放松的状态，不能过于紧绷，这样肌肉组织才能更加自然灵活，才能发出极具共鸣感，更有感染力的声音。

那么喉部应该如何放松？

练声者在练习发声时，可以做一些让喉部肌肉放松的动作，比如借用手指指腹按摩喉头，让喉头充分放松，另外练声者也要明白正确的身体姿势对发声的重要性。

在正式发声之前，练声者可以检查喉结位置是否过上或过下，同时要注意脖颈部位要挺直，不能前倾也不能后仰，不然发出的声音会不够透亮，并且还会对喉咙等身体器官造成损害。

2. 学会配合协调各器官

发声时，需要用到众多发声器官，这时需要众器官紧密配合，才能发出高质量的声音。尤其是喉部的控制要和口腔控制、气息控制紧密配合，这是因为声门开合、声带变化才产生了不同的声音，而声带松紧和声门开合都离不开口腔和气息的支持。同时，不同音色的原音在口、舌等咬字器官的共同配合下，才会形成不同特色的声音信息。

3. 投入感情

充沛的感情是保证声音动听的一个重要因素，即使音色再好，发音再标准，没有感情的声音也是平淡无奇的。

发声者必须充分调动情绪，以良好积极的状态来发声，加强轻重音，只有这样才能唤起自身的表现欲望，做到声情并茂，并且能够引起听众的兴趣。而冷漠平淡的声音不仅会让听众没有任何兴趣，也会加速自己的疲惫。

4. 激活共鸣器官

在说话或者唱歌的时候，如果声音仅仅只是从嘴巴发出，那么声音就会显得格外单薄没有力量，从而平平无奇。这也表明声音不单单只是从嘴巴发出的，还需要调动其他共鸣器官。

喉部控制时，当学会激活鼻腔、胸腔和头部这些共鸣腔的时候，整体发出的声音就会变得圆润饱满，充满磁性，仿佛自带混响一般。

这些喉咙控制的方法还需要练声者多加练习，喉咙和其他配合器官控制好之后，才能更好地发声。

5.3.2 高效练嗓"10 步法"

错误的练声方法就像生病时没有对症下药，练声效果往往也事倍功半。练声的过程是一个循序渐进的过程，要想达到长时间说话，嗓子还能不干不哑的效果，掌握正确高效的练嗓方法会起到事半功倍的效果，下面列出来 10 条高效练嗓的方法，供练声者参考。

1. 舒展面部

做任何运动前都需要进行适量的热身运动，这是因为热身既是思想的准备过程也是身体的准备过程。练嗓前，双手轻轻搓脸，按摩五官，使面部肌肉舒展开来。目的使眼、耳、口、鼻相连相通，舒展发声通道，也能让练习更加轻松自然。

2. 共鸣练习

将舌头自然平放伸出，然后舌头微微卷起，让上嘴唇和舌头之间留一条小缝隙此时，发"wu"这个音，发声时，感觉到全身都在共振。这个练习目的是让声音更加明亮，有磁性。

3. 丹田发力

用力发"he"这个音，每发一次，能明显地感受到腹部也会随之动一下，而且手指触摸腹部的地方会变硬。这个练习是通过感受腹部的变化感受气息的支撑点，训练如何更好地借助丹田的力量发声。

4. 腹部发力

结合第三个方法，首先借助丹田用力发 3 次"he"音，然后读一段文字，注意发音时短促有力。反复进行，通过这种练习方式，有助于声音完全放开，用正确的气息感觉去咬字，同时让腹部获得一种肌肉反应，借助腹部的力量来控制气息，对唱歌时突破高音有很大的帮助。

5. 均匀弹唇

借助拇指和食指撑起嘴角，放松，轻轻吹气使嘴唇弹起来。保持气息均匀、慢吐慢吸，此时喉部完全放松，尝试一口气保持 10

秒钟以上，注意气息平稳。这个练习的主要目的是训练声带的均匀振动，也有助于控制气息平稳。

6. 甩高音量

结合第五个方法，在均匀弹唇的基础上，发"du"音，有点类似摩托车发动时的声音。这两个动作结合，力度更明显。练习时注意保证弹唇的正确和气息的稳定，尽量不断气，一口气保持10秒左右，还可适当进行真假音转换。这一训练的目的是扩展音域，提高音高。

7. 假声练习

假声也是练声者需要练习的一个内容，尝试用假音说话或者用假声读完一篇小短文，这个练习可以锻炼声音的质感。常做此练习可以使声音变得更醇厚，更有高级感。

8. 拉长发音

练声者尝试发"wu"这个音，找到发音的位置和感觉并保持住，再发"mu"这个音，然后交替发音，反复多次进行。发音时注意两音统一，这种训练对提高声音的空间感是非常有帮助的，也能让练声更加高效。

9. 呼噜练习

堵住一边鼻孔，另外一边鼻孔吸气，模仿打呼噜的声音，左右鼻孔交替进行，最后两边一起发出打呼噜的声音。这个练习可以帮助练声者更大程度地打开声音通道，也有助于扩展高音，歌手可以多练习此方法，演唱高音时会更轻松。

10. 学习狼叫

模仿狼的叫声，发"wu"音，并进行真假音转换，发音时控制好喉咙，音量逐步提高再逐步降低。注意练习时喉部放松，保持音色不变。常做这个练习，有助于扩展音域，统一声区。

这套练嗓方法一共十个步骤，作为练声前的热身练习，能够有助于嗓音迅速有效地进入理想状态，也能使练声更加高效。只要勤加练习，练声一定会更容易，发声也会更加自然动听。

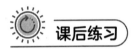

借助"腹式呼吸法"，结合"丹田发力"和"腹部发力"，感受一下气沉丹田，并尝试用丹田发声。

5.4 练嗓素材清单

学习了上述这些练声技巧之后，最重要的将其付诸实践，如不勤加练习就无法将技巧加深转化形成"肌肉记忆"。练声者必须反复地练习，结合自身条件，找到练声的最佳状态和感觉，这样练声才能更加自如，也能更加高效。

可通过古诗词朗诵练习和唱歌练习来强化这些练声技巧，以下罗列出了一些适合练嗓的古诗词和歌曲。

5.4.1 诗词练嗓素材清单

古诗词练习不仅可以很好地检验练声者的咬字发音是否精准，情感的调动是否自如以及语速、语调是否控制得当；另一方面，也能够增长知识、培养气质，对练声者来说是一举多得的练习方法。

以下列举了一些供练嗓参考的古诗词。

（1）《渔歌子·西塞山前白鹭飞》（张志和）西塞山前白鹭飞，桃花流水鳜鱼肥，青箬笠，绿蓑衣，斜风细雨不须归。

（2）《送元二使安西》（王维）渭城朝雨浥轻晨，客舍青青柳色新。劝君更进一杯酒，西出阳关无故人。

（3）《相见欢》（李煜）无言独上西楼，月如钩。寂寞梧桐深院锁清秋。剪不断，理还乱，是离愁，别是一般滋味在心头。

（4）《泊秦淮》（杜牧）烟笼寒水月笼沙，夜泊秦淮近酒家。商女不知亡国恨，隔江犹唱后庭花。

（5）《望天门山》（李白）天门中断楚江开，碧水东流至此还。两岸清山相对出，孤帆一片日边来。

（6）《声声慢》（李清照）寻寻觅觅，冷冷清清，凄凄惨惨戚戚。乍暖还寒时候，最难将息。三杯两盏淡酒，怎敌他、晚来风急？雁过也，正伤心，却是旧时相识。满地黄花堆积。憔悴损，如今有谁堪摘？守着窗儿，独自怎生得黑？梧桐更兼细雨，到黄昏、点点滴滴。这次第，怎一个愁字了得！

（7）《天净沙·秋思》（马致远）枯藤老树昏鸦，小桥流水人家，古道西风瘦马。夕阳西下，断肠人在天涯。

（8）《出塞》（王昌龄）秦时明月汉时关，万里长征人未还。但使龙城飞将在，不教胡马度阳山。

（9）《登高》（杜甫）风急天高猿啸哀，渚清沙白鸟飞回。无边落木萧萧下，不尽长江滚滚来。万里悲秋常作客，百年多病独登台。艰难苦恨繁霜鬓，潦倒新停浊酒杯。

（10）《商山早行》（温庭筠）晨起动征铎，客行悲故乡。鸡声茅店月，人迹板桥霜。槲叶落山路，枳花明驿墙。因思杜陵梦，凫雁满回塘。

5.4.2 歌曲练嗓素材清单

练声者可以通过歌唱练习来更好地感受气息的变化以及各发声器官间的相互协同配合。同时也可以在歌唱练习中学习高音、低音怎么维持，如何发音嗓子才能不累，也可以学习如何更加自如地进行真假音转换。

以下列举了一些适合练嗓的歌曲清单，供练声者参考。

（1）《女人花》，这是梅艳芳演唱的一首歌曲，这首歌婉转悠扬并且感情充沛，并且多用气泡音，练习这首歌，可以很好地练习调动各个器官发声，同时练习在声音中注入情感。

（2）《东风破》，这是周杰伦演唱的一首歌曲，练声者可以多加练习这首歌，找到真假音转换的感觉，学会如何自然并且不累地进行真假音转换。

（3）《鸿雁》，这是一首民族歌曲，这首歌曲有非常强烈的草原气息，十分考验演唱者的技巧，练习这首歌，可以更好地控制气息，对"字音＋气息"的掌握非常有帮助。

（4）《同一首歌》，这首歌是 1990 年北京亚运会的开幕曲，练习这首歌，可以很好地学习如何在声音里恰当地加入情感和激情，使声音产生共鸣感和感染力。

（5）《听海》，这是张惠妹演唱的一首歌曲，练习这首歌对学习如何利用丹田发声非常有帮助，也可以更好地学习如何控制气息气流。

（6）《气球》，这是由许佩哲演唱的一首歌曲，这首歌的部分歌词十分连贯，对换气是一个很大的考验，练声者多练习这首歌可以更好地学会如何在发声时停顿以及当面对长篇的稿件时如何控制气息，进行换气。

（7）《大海》，张雨生演唱的这首歌曲，对练声者体会胸腔共鸣和头腔共鸣的感觉是非常有帮助的，也有助于声音变得更加厚重有质感。

（8）《橄榄树》，这首歌由齐豫演唱，整首歌充满了空灵感。练习这首歌，对如何更好地进行声腔处理和清晰咬字都是非常有帮助的，也能更好地掌握情感调动的技巧。

以上列举的这些古诗词和歌曲都是对练嗓非常有帮助的，一方面可以很好地将上述的练声技巧灵活运用；另一方面也可以检验练声时还存在哪些问题，然后采取措施，有针对性地解决。

 课后练习

选取以上你最喜欢的一首古诗词和一首歌曲，运用练声技巧，检验一下自己的技巧能否灵活运用！

 扫码听声：音频欣赏 5

第 6 课

科学练音：练出标准普通话

俗话说，"五里不同音，十里不同调"。幅员辽阔的中国大地上语言纷繁复杂，为了使全国各地人群之间更加流畅地交流，我国专门架起了一座桥梁——普通话。一口纯正、标准的普通话，对于练声者来说，可以消解与人之间的隔阂，拉近双方的距离，使双方之间沟通更加畅快。

6.1 为什么要说好普通话

相传清朝官员鲁之裕，生性粗犷豪放、拓落不羁，因为他住的房子面积很小，就在门上题字写道："两间东倒西歪屋，一个南腔北调人。"以此来自嘲居住的小屋破旧不堪、东歪西倒的样子，以及他夹杂着南北方腔调的口音。

我国国土面积广袤，北方多开阔通达的大平原，南方地势多变，多山丘沟壑。这种地域差异使得各地人民的生活习惯、性格和语言都不尽相同，仅汉族语言就有十几种。且我国作为一个人口众多的多民族大国，少数民族又各自发展了自己的语言。著名语言学家周有光先生曾表明，我国 56 个民族一共有 80 多种彼此无法通话的语言和地区方言。

这就导致这样一个场景的出现：来自五湖四海的中国人，拥有一样的黄皮肤、黑头发、黑眼睛，嘴里却说着自己才能听懂的话，与其他人根本无法交流，或是只能依据猜测理解他人的意思。

为了解决这一问题，推广一门全国人民通用的语言成为了必须要做的事情。尤其是当今时代下，各地区之间的来往越来越密切，为方便不同民族、不同地域的人们能够更顺畅地进行交流与沟通，也需要在全国范围内推广和使用普通话。

6.1.1 说好普通话，走遍天下都不怕

普通话作为为整个中华民族服务的语言，是一种以北京语音为标准音，以北方官话为基础方言，以典范的现代白话文著作为语法规范的通用语言。并且随着中国的国际地位日益提高，1973 年 12 月 8 日联合国大会第 28 届会议一致通过将汉语列为联合国大会和安理会的六种工作语言之一。随着时代的进步与发展，普通话已逐渐成为中外文化交流的重要桥梁，也引得越来越多的外国人开始学习普通话。

我国古代每朝都有"普通话"，只是叫法不同。"普通话"一词最早在清末出现，1909 年，清廷将北平官话定为"国语"。清朝灭亡之后，民国时期政府也多次制定国语读音。新中国成立后于 1955 年将普通话规定为国家通用语言，进行推广和使用。

随着交通和信息技术的不断发展，人与人的交流变得日益密切频繁，如果没有统一通用的语言作为沟通桥梁，必将为我们的工作和生活增加很多不必要的麻烦。就好比现在大火的网络主播，要是因为普通话说得不好，在推荐产品时发音不准导致受众理解错误，就会给客户带来很不好的购物体验甚至导致产品销量下降。

语言文字作为一种社会工具，记录着科学技术发展的成果，传递着科技发展的最新信息。同时，科学技术越发达，语言文字的应用就越广泛，与社会的关系就越密切。作为全国各民族通用的语言，普通话看似平凡，但作用却很大，作为人与人之间沟通的桥梁，学好普通话在当今社会是非常重要的。

为检测普通话水平，国家专门制定了《普通话水平测试等级标准（试行）》，将普通话水平等级分为三级六等，以口试作为考试形式，如表 6-1 所示。想要从事教师、广播电视主持人、配音等职业的都必须参加普通话水平能力测试，并取得规定的有效成绩。

表 6-1　普通话等级及评分标准

等　级	得　分	评分标准
一级甲等	97~100 分	朗读和自由交谈时，语音标准，词语、语法正确无误，语调自然，整体表达流畅（总失分率在 3% 以内）
一级乙等	92~96.99 分	朗读和自由交谈时，语音标准，词语、语法正确无误，语调自然，整体表达流畅。偶有字音、字调失误（总失分率在 8% 以内）
二级甲等	87~91.99 分	朗读和自由交谈时，声韵调发音基本标准，语调自然，表达流畅。少数难点音失误，词汇、语法极少错误（总失分率在 13% 以内）
二级乙等	80~86.99 分	朗读和自由交谈时，个别调值不准，声韵母发音有不到位现象，难点音失误较多，方言语调明显（总失分率在 20% 以内）
三级甲等	70~79.99 分	朗读和自由交谈时，声韵母发音失误较多，难点音超出常见范围，声调调值多不准（总失分率在 30% 以内）
三级乙等	60~69.99 分	朗读和自由交谈时，声韵母发音失误较多，方言特征突出，存在部分听不懂的情况（总失分率在 40% 以上）

6.1.2　正确吐字发音是练习普通话的标准与基础

很多练声者在学习普通话的过程中，常常会因为吐字发音不准而产生歧义，有时还会闹出笑话。有一位来自福建的朋友就曾闹出过这样一个笑话，这位朋友当时刚来到北方，福建口音还比较浓重，当时想要找一位朋友借用一下护发素，由于发音不标准说成了"付化速"，对方一听，以为这位朋友要在家里孵小鸡，需要"孵化"

小鸡用的肥料，好不容易才解释明白，双方乐得捧腹大笑。

正确的吐字发音是练习普通话的标准与基础，练声者想要学好普通话，首先需要掌握正确的吐字发音方法。

汉语拼音是学习普通话的基础和主要工具，练声者需要掌握并且能熟练运用汉语拼音，才能加快学习普通话的速度，提高发音的准确性。

汉语生字中，一个汉字的读音就是一个音节。每个基本音节由声母、韵母两个部分构成。以下为练声者整理了汉语拼音的一些基础知识内容。

1. 26 个拼音字母

汉语拼音由 26 个字母组成，我国最开始是没有汉语拼音的，后来为了标记读音，也为了同国际接轨，于 1958 年制定了《汉语拼音方案》，规定只用国际通用的 26 个字母作为拼音的组成字母，以下是 26 个字母的大小写。

Aa、Bb、Cc、Dd、Ee、Ff、Gg、Hh、Ii、Jj、Kk、Ll、Mm、Nn、Oo、Pp、Qq、Rr、Ss、Tt、Uu、Vv、Ww、Xx、Yy、Zz

2. 23 个声母

声母是音节开头的辅音，是一个音节中用来表示声的字母。一个完整的拼音音节中，单韵母前面的部分为声母，以下是 23 个声母。

b、p、m、f、d、t、n、l、g、k、h、j、q、x、zh、ch、sh、r、z、c、s、y、w

3. 24 个韵母

韵母又称主要元音，是一个音节中用来表示韵的字母，共有 24 个，其中又包括单韵母、复韵母、前鼻韵母和后鼻韵母。

（1）单韵母（6 个）：a、o、e、i、u、ü

（2）复韵母（9 个）：ai、ei、ui、ao、ou、iu、ie、üe、er

（3）鼻韵母（9 个）

　　①前鼻韵母（5 个）：an、en、in、un、ün

　　②后鼻韵母（4 个）：ang、eng、ing、ong

4. 16 个整体认读音节

整体认读音节是指添加一个韵母后，读音仍和声母一样的音节，一共有 16 个。整体认读音节不用拼读即可直接认读，分为平舌音、翘舌音两类。

zhi、chi、shi、ri、zi、ci、si、yi、wu、yu、ye、yue、yuan、yin、yun、ying

5. 字母发音

各字母以及声母、韵母怎么读，大多数练声者都是知道的，但是部分练声者可能存在一些发音不正确的问题，以下是韵母、声母的发音技巧以及示例字词。

（1）单韵母发音

表 6-2 所示为单韵母发音技巧及示例。

表 6-2　单韵母发音技巧及示例

单韵母	发音技巧	示　　例
a	口部张大，舌位最低，舌身后部稍稍隆起	啊、哈、马、娃、妈妈、发达、喇叭
o	口部呈圆形，舌身略向后缩，舌身后部微微隆起	喔、播、佛、摸、婆婆、伯伯、默默
e	口部呈扁形，舌位高低与"o"大体相同，只是嘴角向两边咧开	额、格、和、得、哥哥、合格、可乐
i	上下牙齿对齐，口部呈扁形，舌尖接触下齿背，使舌面前部稍微隆起	比、次、地、地理、激励、霹雳

续表

单韵母	发音技巧	示例
u	双唇拢圆留一个小圆，舌头向后缩	乌、付、读、图 读物、瀑布、幅度
ü	发音与“i”基本相同，只是唇部噘成圆形，略向前突出，舌尖抵住下齿背	於、局、须、去 聚居、区域、须臾

（2）复韵母发音

表 6-3 所示为复韵母发音技巧及示例。

表 6-3　复韵母发音技巧及示例

复韵母	发音技巧	示例
ai	口大开，唇部呈扁形，舌尖轻抵下齿背； 先发 a 的音，然后慢慢发 i 的音，气流不中断	爱、白、才、带 太太、白菜、开采
ei	口部扁形，舌尖轻抵下齿背，嘴角向两边咧开； 先发 e 的音，然后慢慢发 i 的音，气流不中断	诶、飞、给、未 微微、肥美、蓓蕾
ui	U 的发音轻且短，然后慢慢发 ei 的音； 口型由圆到扁	崔、回、亏、贵 摧毁、退税、回馈
ao	舌尖略微后缩，舌根向上轻轻抬起，双唇拢圆； 先发 a 的音，然后慢慢发 o 的音	袄、包、草、到 稻草、讨好、高考
ou	发 o 的音，然后唇部渐渐收拢； 口型由大圆到小圆	欧、凑、都、口 凑够、豆蔻、口头
iu	先发 i 的音，然后慢慢向 ou 音滑动； 口型由扁到圆	修、牛、谬 溜溜球、绣球、求救
ie	先发 i 的音，再发 e 的音，气流不间断； 嘴角向两边咧开	借、别、咧、铁 机械、鞋架、铁屑
üe	先发 ü 的音，然后慢慢发 e 的音； 口型由圆到扁	略、却、学、噘 雀跃、缺血、决绝
er	舌位居中发 e 的音，舌尖向硬腭卷起； 口部呈扁形	而、尔、耳、二 莞尔、耳朵、耳目

（3）鼻韵母发音

表 6-4 所示为鼻韵母发音技巧及示例。

表 6-4　鼻韵母发音技巧及示例

鼻韵母		发 音 技 巧	示　　例
前鼻韵母	an	舌尖轻抵下齿背，舌位最低，软腭上抬；口部由开到合	安、搬、参、反泛泛、坦然、惨淡
	en	舌尖接触下齿背，舌面微微隆起、略靠前；口部由开到闭	嗯、分、跟、肯根本、人身、门神
	in	舌尖抵住下齿背，软腭上升；口腔开合度几乎不发生变化	音、林、信、芹拼音、濒临、引进
	un	与 in 的发音过程基本相似；唇形由圆唇逐渐展开	晕、存、轮、困馄饨、伦敦、昆仑
	ün	舌尖抵住下齿背，舌面升高，软腭下降；唇形由圆唇逐渐展开	晕、寻、君、训均匀、军训、逡巡
后鼻韵母	ang	口腔打开，舌尖离开下齿背，舌头后缩	昂、样、藏、将昂扬、苍茫、厂长
	eng	先发 e 的音，然后舌尖抵住下牙床，舌根抵住软腭法 ng 音	冷、哼、坑、更风筝、登封、鹏程
	ing	头微微往后缩，舌根抵住软腭，形成阻碍，气流从后口腔进入鼻腔	应、另、经、定零星、性情、定性
	ong	先发 o 音，然后舌根后缩抵住软腭，舌面微微隆起，口部呈圆形	供、隆、懂、同匆匆、轰隆、洪钟

（4）声母发音

表 6-5 所示为声母发音技巧及示例。

表 6-5　声母发音技巧及示例

声母	发 音 技 巧	示　　例
b	双唇闭合，挡住气流，然后双唇突然打开，让气流爆发出来	波、不、被、白宝贝、爸爸、拜拜
p	发音部位与方法与 b 相同，但是气流较 b 强	批、铺、喷、怕琵琶、批评、匹配
m	双唇闭合，把气堵住，发音时，气流从鼻腔透出成声，声带颤动	木、摸、马、买买卖、妈妈、埋没

续表

声母	发音技巧	示　例
f	上齿接触下唇，形成一条狭缝，让气流从狭缝中摩擦而出	付、佛、费、法 伏法、发疯、非法
d	舌尖抵住上齿龈，挡住气流，然后舌尖突然离开，吐出微弱的气流	地、贷、多、等 达到、笃定、带动
t	发音部位与方法和 d 基本相同，不同的是送出的气流比较强	踏、铁、托、听 忐忑、探讨、抬头
n	舌尖顶住上齿龈，挡住气流，让气流通向鼻腔，从鼻孔出来，带声带颤动	你、那、奶、宁 奶奶、泥泞、南宁
l	舌尖顶住上齿龈，不顶满，让气流从舌头两边出来，声带颤动	辣、落、录、乱 乱流、罗列、拉链
g	舌根抬起抵住软腭，挡住气流，然后突然打开，吐出微弱的气流	挂、给、过、该 瓜葛、改革、国歌
k	发音部位与方法跟 g 大体相同，只是吐出的气流比较强	可、开、哭、快 可靠、开口、扩宽
h	舌根靠近软腭，形成一条狭缝，让气流从狭缝中摩擦而出	哈、和、或、黄 恍惚、合伙、火花
j	舌前部抬起贴紧硬腭前端，然后再将舌稍稍离开，与硬腭形成一条狭缝，让气流从狭缝里挤出来	及、加、借、噘 决绝、家具、积极
q	发音部位、方法跟 j 大体相同，只是送出的气流较强	其、掐、却、去 蛐蛐、前期、确切
x	舌前部抬起靠近硬腭，形成一条狭缝，让气流从中摩擦而出	习、下、写、选 宣泄、下旬、学习
zh	舌尖翘起，抵住硬腭前部（上牙床后面的部位），然后舌尖稍稍离开，让气流从狭缝中挤出来	指、证、占、状 装置、转账、指正
ch	发音部位、方法跟 zh 大体相同，只是吐出的气流较强	吃、穿、床、查 差错、传承、吃撑
sh	舌尖翘起，靠近硬腭前端，形成一条狭缝，让气流从中挤出来	是、啥、刷、栓 事实、杀手、双手
r	发音部位、方法跟 sh 相同，但是发音时舌的两侧要卷起，声带颤动	日、若、如、让 如若、濡染、软弱
z	舌尖向前平伸，抵住上齿背，憋住气，然后舌尖稍稍离开，形成狭缝，让气流从中挤出	字、砸、钻、在 津津有味、孜孜不倦
c	发音部位、方法跟 z 大体相同，只是吐出的气流较强	次、擦、窜、粗 粗糙、猜测、参差

续表

声母	发音技巧	示　例
s	舌尖向前平伸，靠近上齿背，形成一条狭缝，让气流从中挤出来	撒、苏、酸、色 萨斯、色素、琐碎
y	y 和 i 的音相似，只是 y 是声母，声母发音较轻快；i 是韵母，韵母发音时较响亮	衣、月、亚、与 异议、越狱、语言
w	w 和 u 的音相似，只是 w 是声母，声母发音较轻快；u 是韵母，韵母发音时较响亮	哇、吴、完、往 无畏、威武、文物

要想学好普通话，就要学会正确的发音吐字方法，并每天坚持练习，同时，要在说的过程中注意发现自己的问题，并找到正确的应对方法，可以请教老师，有针对性地加以训练，也可以通过收听电视新闻、广播来矫正自身的发音问题。除此之外，进行朗读训练也是一种十分有效的办法，按古诗词——诗歌——散文的顺序循序渐进地进行练习。总之，普通话学习也是语言学习，只要持之以恒，定能取得显著进步。

6. 声调

声调是一个完整的汉语拼音的重要组成部分。普通话的声调有四个，分别是一声、二声、三声、四声，如表 6-6 所示。

表 6-6　声调示意图

声调	写法	示例
一声（阴平）	—	衣、非、高、夸、多
二声（阳平）	´	绝、国、驴、伐、博
三声（上声）	ˇ	垮、否、补、躲、雪
四声（去声）	`	不、促、蔡、话、乐

 课后练习

朗读普通话水平测试必读篇之贾平凹先生的作品《丑石》，检查自己的吐字是否连贯流畅。

6.2　纠正3个不标准

"大家好，我系渣渣辉。"很多网友都知道这句网络流行语。这句话来源于香港演员张家辉代言的一款游戏，因其普通话不标准，在广告中做自我介绍时，将"张家辉"读成"渣渣辉"，这也成为一个笑点被网友调侃。很多练声者在练声过程中舌头不会转弯，分不清z、c、s和zh、ch、sh，也弄不懂前后鼻音的区别，还有些南方口音比较浓厚的练声者对边音和鼻音的问题也比较头疼，这些都是练声过程中十分常见的问题，但同时也是检验练声者发音是否标准的一个方式。

练声者要想很好地解决上述这些在练声中存在的问题，首先需要弄清楚发音原理，这样才能更好地纠正发音错误，使发音更加标准。下面针对这些问题作详细的说明。

6.2.1　平翘舌

一部分练声者在平时练声或说话时不注意控制口腔唇舌，以一种非常随意的口腔状态来进行语言表达，导致经常出现咬字不清、"吃螺丝"①等问题。这些不正确的发音方式或说话习惯导致的语音问题经常令很多练声者处于尴尬的境地，其中最为显著的就是平翘舌不分的问题。

受方言影响，尤其是南方方言，很多练声者舌位动程较短，习惯性地只发平舌音不发翘舌音，南方大部分省份，如贵州、四川、湖北、湖南这些省份的练声者都会大量存在平翘舌不分这个问题。比如"是不是"会读成"四不四"，"自私"读成"知识"等，诸

---

① 吃螺丝：指的是说话或者唱歌时出现失误性地停顿，可理解为嘴瓢。

如这些问题其实都是长时间的语言习惯导致的，所以，练声者要想从根本上矫正自己这方面的语音问题，就要从最基本的唇舌锻炼方面着手去练习。

对于平翘舌不分，要先弄明白这个字到底是平舌音还是翘舌音，这一点很重要，否则很容易翘舌音发成平舌音，平舌音发成翘舌音，这就要求练声者在平时多加注意字的发音，必要时可查阅字典。

如何纠正平翘舌不分这个问题呢？练声者需要掌握以下 3 点技巧。

1. 从发音上区分平翘舌

按发音部位来分，平舌音也叫舌尖前音，属于舌尖前阻；翘舌音又称舌尖后音，属于舌尖后阻。下面分别进行介绍。

（1）舌尖前阻

舌尖前阻是指舌尖和上门齿背阻碍气流而形成的音。练声者发平舌音时只需把舌头自然放平，舌尖微微抬起，抵住或尽量靠近上齿背，然后自然发出平舌音。

舌尖前阻示意，如图 6-1 所示。

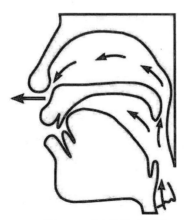

图 6-1　舌尖前阻示意图

平舌音具体发音方法如下。

"z"发音时，唇部自然咧开，舌头放平，舌尖抵住上齿龈，形成一条窄缝，阻碍气流，声音从缝隙中挤出。

"c"发音的状况与"z"基本相似，不同的是气流比"z"较强。

"s"发音时，唇部自然咧开，舌头放平，舌尖接近但不抵住上齿龈，形成一条窄缝，阻碍气流，声音从缝隙中挤出。

（2）舌尖后阻

舌尖后阻是指舌尖向上翘起与硬腭前端接触，阻碍气流发出的音。练声者在发翘舌音时，舌头放松稍向后缩，舌尖轻巧地翘起来靠近硬腭前端，如图6-2所示。另外在一些比较正式场合发言时，可以适当将舌头的卷幅加大，以保证发音更准确。

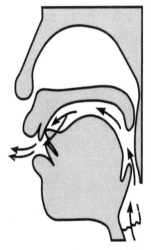

图6-2　舌尖后阻示意图

翘舌音具体发音方法如下。

"zh"发音时，舌头向后收，略微卷曲，舌尖抵住硬腭前端，形成一条窄缝，阻碍气流，声音从缝隙中挤出。

"ch"发音的状况与 zh 相似，只是气流比 zh 较强。

"sh"发音时，舌头向后收，略微卷曲，舌尖接近但不抵住硬腭前端，形成一条窄缝，阻碍气流，声音从缝隙中挤出。

"r"发音的状况与"sh"相似，不同的是发音时声带要振动，轻微摩擦。

2. 平翘舌音不分的解决之道

了解了平翘舌音正确的发音方法，但是还是有部分练声者因为长时间的语言习惯，一时间仍然无法区分平翘舌音，此时，可以通过以下两种方法解决。

（1）多查字典，多记忆

在练声时，如果不确定哪些字是平舌音，哪些字是后舌音，导致在练习普通话时平翘舌音混淆。那么练声者在平时需要多查字典，多积累、多记忆，确保字音无误。

（2）加强对舌头的控制力

有些练声者平翘舌不分很大一部分原因是不能很好地控制自己的舌头。比如，发音时平舌位置过高，舌头不够放松，很容易将平舌音发成翘舌音；又或者发音时翘舌位置不够，舌头卷曲程度也不够，导致将翘舌音发成平舌音。

如果你也有同样的问题，就要多练习平舌、翘舌发音，多练习前面所介绍的唇舌操，来增强自己对舌头的控制力，必要时可以借助压舌板来进行矫正。

3. 平翘舌训练素材

（1）字词练习

练声者可以通过一些字词的强化练习来区分平翘舌音，以下列举了一些素材。

z—zh				
zì zài 自在	zuì zé 罪责	zàng zú 藏族	zuò zī 坐姿	zuì zǎo 最早
zhàn zhēng 战争	zhèng zhì 政治	zhòng zhèng 重症	zhī zhī 蜘蛛	zhuǎn zhàng 转账

c—ch				
cǎo cóng 草丛	cāi cè 猜测	cū cāo 粗糙	cuò cí 措辞	cāng cù 仓促
cháng chéng 长城	chū chāi 出差	chǎn chú 铲除	chuán chéng 传承	chāo chū 超出

s—sh				
sī suǒ 思索	sè sù 色素	suān sè 酸涩	sōng sǎn 松散	suǒ suì 琐碎
shì shí 事实	shòu shāng 受伤	shù shuō 述说	shè shī 设施	shuāng shǒu 双手

练声是一个循序渐进的过程，字词相对熟练之后，练声者后期可以选择一些含有较多平翘舌词汇的文章，每天进行朗读，比如普通话水平测试朗读作品《第一场雪》《白杨礼赞》等。

（2）绕口令练习

绕口令是很好的一种练习方法，以下列举了4个绕口令的素材，供练声者参考练习。

①四是四，十是十；十四是十四，四十是四十；别把四十说喜席，别把十四说席喜。要想说好四和十，全靠舌头和牙齿。要想说对四，舌头碰牙齿；要想说对十，舌头别伸直。认真学，常练习，十四、四十、四十四。

②我说四个石狮子，你说十个纸狮子。石狮子是死狮子，四个石狮子不能嘶。纸狮子也是死狮子，十个纸狮子也不能撕。狮子嘶，撕狮子，死狮子，狮子尸。要想说清这些字，必须读准四、十、死、尸、狮、嘶、撕。

③紫瓷盘，盛鱼翅，一盘熟鱼翅，一盘生鱼翅。迟小池拿了一把瓷汤匙，要吃清蒸美鱼翅。一口鱼翅刚到嘴，鱼刺刺进齿缝里，

疼得小池拍腿挠牙齿。

④山前有四十四个石狮子，山后有四十四棵死涩柿子树。山前这四十四个石狮子，吃了山后边四十四棵死涩柿子树的涩柿子。山前的四十四个石狮子让山后边四十四棵死涩柿子树的涩柿子给涩死了。

6.2.2 边鼻音

区分边鼻音是练声尤其是练习普通话的一大难点，在四川、重庆、安徽、湖南等南方省份，这一问题尤为突出。

造成这个问题除了历史和用语习惯不同的原因外，主要是不能准确区分某个字的声母是发"n"还是"l"。这就需要练声者平时多查字典，只有首先知道这个字的正确读音，才能把字读准。同时，很多练声者容易将鼻音字和边音字相互混淆，把边音字发成了鼻音字，比如"刘阿姨"错读成"牛阿姨"；把鼻音字发成了边音字，比如"难过"发成了"蓝过"等。

很多练声者不禁觉得，想要准确发出"n""l"音怎么就这么难？

一个能准确发出"n"和"l"音的人，很难理解那些区分不了的人，在他们看来，"n"和"l"这两种音单从长相上就相差十万八千里。实际上，"n"和"l"虽然看上去样子不同，但它们的区分度并不高，尤其是对于南方地区的练声者来说。不过虽然二者区分度不高，但还是可以区分的。以下将对区分边鼻音进行介绍。

1．发音规则

区分边鼻音首先要了解边鼻音的发音规则有哪些不同。

（1）边音"l"发音规则

边音"l"发音时，舌尖抵住上齿龈的后部，形成气流阻塞，此时声带振动，气流到达口腔后从舌头两侧与两颊内侧形成的空隙通过而发出声音。发"l"音时，鼻腔全程不参与，因此发出的声音比较清脆。

边音"l"的发音舌位图，如图6-3所示。

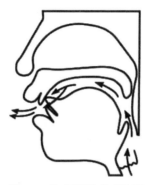

图6-3　边音"l"发音舌位图

（2）鼻音"n"发音规则

鼻音"n"发音时，舌尖抵住上齿龈，发音时鼻子振动，鼻腔共鸣，此时气流被推入鼻腔，发出"n"音。

鼻音"n"的发音舌位图，如图6-4所示。

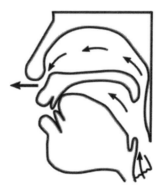

图6-4　鼻音"n"发音舌位图

从以上发音规则可以看出，"n"和"l"的发音部位相同，都

是舌尖和上齿龈接触，构成阻碍，所以发音时很容易造成混淆，但它们有何不同之处呢？练声者又该如何正确区分呢？

2. 边鼻音的区别

边鼻音可以从以下 3 点加以区分。

（1）口腔开度不同

在发这两个音时，我们会发现口腔内的空间宽窄大小不同：发"n"音时口腔开度较小，而发边音"l"时，口腔开度较大。

（2）气流通过路径不同

发鼻音"n"音时，气流从鼻腔通过；而发边音"l"时，气流是从口腔内舌的两边通过，为使气流能够顺利通过，发音时，舌尖跟上腭的接触面积不用太大。

（3）发音动程不同

所谓动程，其实就是运动的过程。发"n"音时，舌尖抵住上齿龈后，稍作停留，然后发音，随着舌尖的离开，结束发音；边音"l"在舌尖接触上齿龈后开始发音，一旦开始发音，舌尖就迅速离开上齿龈，并且向后迅速回缩，回缩过程中保持发音，直至发音结束。

3. 边鼻音的训练

练声者可以通过以下训练来区分这两者的发音：

（1）字的对比练习

路——怒，劳——挠，连——年，林——您，量——酿

（2）词组的对比练习

莅临——泥泞，牵连——牵念，南部——蓝布，无奈——无赖

（3）听辨训练

新粮——新娘，脑子——老子，酒酿——酒量

浓重——隆重，类目——内幕，留恋——留念

（4）绕口令练习

①六六妞妞去放牛，大牛小牛有六头。六六拉着大牛走，妞妞牵着小牛遛。六头牛，牛六头，六六妞妞，妞妞六六都爱牛。

②刘郎恋刘娘，刘郎恋刘娘，刘娘恋刘郎，刘郎牛年恋刘娘，刘娘年年恋刘郎，郎恋娘来娘念郎，念娘恋娘念郎恋郎，念恋娘郎。

③刘奶奶买了瓶牛奶，牛奶奶买了斤牛肉。刘奶奶拿错了牛奶奶的牛肉，牛奶奶拿错了刘奶奶的牛奶，到底使牛奶奶拿错了刘奶奶的牛肉还是牛奶奶拿错了刘奶奶的牛奶。

④老龙恼怒闹老农，老农恼怒闹老龙。农怒龙恼农更怒，龙恼农怒龙怕农。

6.2.3　前后鼻音

生活中常有人说：嫩不嫩（能不能）请你帮个忙？你是哪个审（省）的？就连受过专业训练的演员陈坤也曾将《天盛长歌》中的"盛"错读成"甚"。可见前后鼻音的正确区分和拼读是练声过程中的一大难题。

受方言音的影响，大部分南方方言中根本没有前后鼻音的分别。而在南方大部分地区不同方言语境中成长起来的人，要么从来没有发过前鼻音，要么从来没有发过后鼻音，这也导致了他们前后鼻音不分。

前鼻音：指拼音中以"n"结尾，如：an、en、in、un；

后鼻音：指拼音中以"ng"结尾，如：ang、eng、ing、ong。

从发音的原理上讲，前鼻音是舌前部翘起，抵触硬腭前部，堵塞口腔，气流全部从鼻腔流出，口腔的状态为前腔小后腔大；后鼻音则是舌头后缩，口腔打开，气流一半从口腔流出，一半从鼻腔流出，因此后鼻音又称为"半鼻音"，口腔的状态前为腔大后腔小。

1. 发音

在练声过程中，可以通过发声位置的不同来感受区分前后鼻音。总体说来，前鼻音的"声响区域"在靠前，而后鼻音的"声响区域"在后脑。在进行前后鼻音练习时，发前鼻音时舌头要尽量往前伸并向上抵住上齿背，而发后鼻音时舌头要尽量往后用力并且尽量在放于下腭处，具体方法如下。

（1）前鼻音

发 an、en、in 这些音时，舌头前伸，舌尖抵住上齿龈，声带振动并让气流从鼻腔出来。

（2）后鼻音

发 ang、eng、ing、ong、iang、uang、ueng、iong 音时，舌头后缩，舌根顶住上腭后部，形成阻塞，最终让气流从鼻腔里出来。

另外需要注意的是，发前鼻音时，目标感要清晰明确，声音走向直指目标，直到发音结束，中途不能拐弯回收回。而发后鼻音时声音的走向，开始元音部分声音向上，而后随着软腭下垂、舌根隆起，声音往后收，直到发音结束。

2. 前后鼻音的训练

按照以上方式练习以下内容，大家可以明显感受到这几种不同发声方式的差异。

（1）字音练习

① an——ang

sān sāng 三—桑	wǎn wǎng 晚—网	lián liáng 联—凉	hán háng 函—航
chǎn chǎng 产—厂	cān cāng 参—苍	kàn kàng 看—抗	chuān chuāng 穿—窗

② en——eng

cén céng 岑—层	fēn fēng 分—封	gēn gēng 跟—耕	sēn sēng 森—僧
shèn shèng 甚—盛	chén chéng 陈—程	zhēn zhēng 真—蒸	bèn bèng 笨—蹦

③ in——ing

jìn jìng 近—净	bīn bīng 彬—冰	yīn yīng 音—英	xìn xìng 信—性
mín míng 民—明	xīn xīng 鑫—星	lín líng 林—灵	pín píng 频—凭

（2）绕口令练习

①扁担长，板凳宽，扁担没有板凳宽，板凳没有扁担长，扁担绑在板凳上，板凳不让扁担绑在板凳上，扁担偏要绑在板凳上。

②小青和小琴，小琴手很勤，小青人很精，手勤人精，琴勤青精。你是学小琴还是学小青？

③老彭捧着一个盆，路过老庞干活儿的棚，老庞的棚碰了老彭的盆。棚倒盆碎棚砸盆。盆碎棚倒盆撞棚。老彭要赔老庞的棚，老庞要赔老彭的盆。老庞陪着老彭去买盆，老彭陪着老庞来修棚。

④天上满天星，地上满山灯，满天星亮满天庭，满山灯接满天星。星映灯，灯映星，分不清是灯还是星。

 课后练习

从每节的绕口令素材中各选取一到两段进行练习，检查自己存在哪些问题吧。

◁》6.3　摆脱乡音困扰，吐字清晰又饱满

在电视脱口秀节目《金星秀》的某一期中，主持人金星问演员黄轩："富有磁性的声音、青涩温暖的微笑、电力十足的眼神，有一项必须舍弃，你会选择放弃什么？"黄轩认为声音相比于微笑和眼神不是那么重要，所以选择放弃了声音。于是，主持人沈南故意用十分浓重的乡音和黄轩演了一出双簧，整个现场的画风顿时变得十分奇怪。纵使是长得再帅、再美的男神女神，声音和形象的反差过大，也会令形象大打折扣。

声音从某种程度上可以说是人的第二张脸，它可以传递一个人的身份、学识、修养等，无形中传递了一个人的精气神。

生活中，很多人由于先天或者后天的影响，在声音的表达上并不是那么令人满意，时常被乡音难改、发音不准等问题困扰着。但如何通过改变自己的声音形象，从而达到提升整体形象的目的呢？首先，需要了解我国语言的体系和发音特性。

6.3.1　语音分析之八大方言区方言

地方语言，即方言，是指一个特定地理区域中某种语言的变体。

受古代社会经济变革、人口迁徙、交通阻隔等社会、历史、地理因素的共同影响，我国形成了多种方言。根据方言的特点以及方言形成和发展的历史，可以将我国方言分成八大方言区。

1. 北方方言

汉语各大方言中，北方方言有其突出的地位。北方方言通行于以洛阳为中心的地区，同时该地区一直是我国政治心脏地带。北方

方言古代词语保留得较少，现在全国推广的普通话就是以北方方言作为基础的，在汉语各方言中，它的分布地域最广，使用人口最多。

2. 晋方言

晋方言是我国北方唯一一个非官话方言，集中分布在太行山以西，贺兰山以东，阴山以南，黄河汾渭河谷以北的地区。晋方言最大的特点就是保留了入声，部分地区有五个以上的声调并且有复杂的连续变调现象。

3. 吴方言

吴方言也称吴语、江浙话。吴方言主要通行于江苏省长江以南、镇江以东，南通小部分、上海及浙江大部分地区。吴方言保留了全部浊音[①]和平上去入的平仄音韵，也较多地保留了古汉语用字用语，对研究古代文化有很大的价值。

4. 赣方言

赣方言也叫赣语或江西话。以南昌话为代表，分布在江西省大部分和湖北省的东南角地区，赣方言是汉族江右民系[②]使用的主要语言，很大程度上保留了古代汉语中的入声和尖团音[③]。

5. 湘方言

湘方言也叫湖南话。以长沙话为代表，分布在湖南省大部分地区。湘方言内部由是否具有一定量的浊音而被分为老湘方言和新湘

---

① 浊音：发音时声带振动的音。

② 江右民系：汉族中的一个民系，主要分布于江西大部、湖南东部、鄂东南、皖西南、陕西商南一带。

③ 尖团音：尖团音是尖音和团音的合称。尖音指汉语拼音z、c、s声母拼i、ü或i、ü起头的韵母，团音指汉语拼音j、q、x声母拼i、ü或i、ü起头的韵母。

方言，其中老湘方言中全浊声母①在舒声字保留较好且多读送气音，而新湘方言中全浊声母多数清化，并多读不送气清音。

6. 粤方言

粤方言也叫广东话。以广州话为代表，分布在广东中西部、广西部分地区以及香港、澳门等地，又称"粤语"，当地人也称为"广府话"或"白话"。粤方言最大程度保留了中古汉语的语言特点——九声六调②。

7. 闽方言

闽方言也叫福建话。以福州话为代表，分布于福建、台湾、海南，以及广东的潮汕、惠州、汕尾一带。闽方言是内部分歧最大、最复杂的一大方言，闽南闽北之间不能通话。

8. 客家方言

客家方言也叫客家话。以广东梅州话为代表，集中分布在广东、广西、江西、福建、台湾等地，以及湖南和四川等客家人居住区，同时也是台湾的官方语言。客家方言继承了较多古汉语的特性，如完整的入声韵尾 [-p]、[-t]、[-k]③。

掌握本地方言与普通话之间的差别也很重要。普通话与方言的区别主要表现在发音上。对于不同的地域，这种区别也有所不同，但都具有一定的对应规律。

不怕嘲笑，持之以恒。在学习过程中，可能会出现一些笑话，

---

① 全浊声母：古代汉语的浊塞音、浊塞擦音和浊擦音声母，响音声母称次浊声母或者清浊声母。
② 九声六调：九个声调（阴平、阳平、阴上、阳上、阴去、阳去、阴入、中入、阳入）和六种调值（66、35、44、11、24、22）。
③ 入声韵尾：客家方言中，凡读音非常短促的音节都是带-p-t-k的入声，不爆破但堵塞气流，影响元音音质，使韵母听起来音色不同。

但不能因此退缩。相反，要知难而进，持之以恒，把他人的笑语变作自己学习的动力。我们只要善于观察、勤于思考，掌握了这种规律，勤加练习，就能正确掌握普通话。通常来说，北方人学习普通话会相对容易，而南方人学习起来会相对困难一点儿。

每一种方言都都代表了不同地区的历史文化传承，语言就像基因一样融入了我们的血液中。俗话说，"艺多不压身"，在保留乡音的同时，我们也可以通过科学训练改善口音，讲好普通话，以便于我们与他人更好地交流沟通。

6.3.2　常见发音错误

表 6-7 所示为各地区常见的发音错误。

表 6-7　各方言区常见发音错误

区　域	常见错读习惯
东北地区	1. 东北地区的人容易将声母 r 当成零声母发音，比如把"人"读成"yin"，把"肉"读成"you"； 2. 容易把翘舌音读成平舌音，比如把"知道"读成"zi dao"； 3. 在东北方言中还会出现吃字的现象，比如把"干啥"读成"干哈"
河北、河南和山东	1. 河南某些地区的人发音时会出现韵母儿化的现象，比如把"车"读成"cher"； 2. 河北、河南和山东地区的人，在发韵母字腹时，舌位和唇型变化动作较短，比如韵母"ao"会读成"o"、"好"读成"ho"、"ai"读成"m"
湖南、湖北	湖南、湖北地区的人 n/l 不分，常常把"路"读成"怒"，把"南"读成"兰"
西北地区	西北地区的人发音位置比较靠后，比如把"吃饭"读成"吃放"，字音有种含在口中的感觉
江西	1. 江西地区的人发音位置相对靠前，平舌音与翘舌音区分不够，"zi"常发成"zhi"； 2. 前后鼻音区分也不明显，后鼻音常发成前鼻音，比如把"成"读成"陈"

续表

区　域	常见错读习惯
广东、香港	1.广东普通话 zh、ch、sh 读为舌叶音，韵母上，粤语区的人很难发出舌尖元音，zhi、chi、shi、zi、ci、si 经常发成普通话的 ji、qi、xi，如"通知"和"通缉"同音； 2.比较典型的是调值问题，例如，会把"乌拉那拉·宜修"读成"乌拉拉拉·已馊"
福建	1.福建地区的人发音时也容易平翘舌不分，轻声较少。在声母发音上，"r""n""l"经常混淆，比如会把"人""能""冷"都读成"len"，把李睿读成李"lui"； 2.很多人常常 f/h 不分，"舒服—舒 hu""花生—fɑ 生"

6.3.3　针对方言特征，改善说话口音

方言最重要的语言区别性特征在于口音不同。口音差异所带来的影响，从远赴他乡这一刻开始，就已经存在。如同蚂蚁抖动触角接收空气中的信息一样，很多人只要一开口说话，就能被他人知道来自哪里。

素有"铁娘子"之称的英国第一位女首相撒切尔夫人，出生于英格兰东部林肯郡，毕业于牛津大学，政治经验丰富。当她于 20 世纪 70 年代在英国政坛崭露头角之初，因一口林肯郡口音的土话常遭到无情的攻击。之后为了稳固政坛地位，年过五旬的撒切尔夫人专门请了指导老师来纠正发音。而后又因为参加竞选时，她和她的团队都认为她天生的小细嗓缺乏自信果敢的力量，又着重加强这方面的训练，改变了她原有的地方口音和尖细的小高嗓语调。后来出现在公众视野的撒切尔夫人声音沉稳和缓、口齿高度清晰，口音纯正，得到了英国政界和民众的普遍认同，最终竞选成功。

学习过普通话或英语的人都知道，改变一个人的口音是件十分

困难的事情。从小耳濡目染说到大的方言已经刻到了我们的脑海最深处，山南海北的方言口音如何向普通话靠拢，怎样才能做到在说普通话时不带家乡口音呢？以下是给练声者介绍的几种普遍适用的学习方法，只要坚持练习，一定可以说出一口字正腔圆、流利纯正的普通话。

1. 寻找显著差异，开展针对性训练

对于练声者而言，方言是本能的条件反射，在说普通话时，通常听不出自己的问题所在。这就需要寻求老师、家人或者朋友的帮助，请他们帮你指出发音问题，从而有针对性地进行调整。

2. 找出普通话和方言中的对应规律，加强记忆

各种方言和普通话的差异主要表现在语音上，词汇和语法方面的差异较小。语音的差异主要表现有：多数地区平翘舌音不分，边鼻音混淆以及前后鼻音无法辨别，没有轻声以及儿化音乱用等。面对以上问题，练声者可以找出方言和普通话的对应规律，针对难点加以练习和记忆。

3. 常听多练，跟读练习

听是纠正口音的基础，练声者在练习过程中可以多听中央人民广播电台和中央电视台的节目，多听主持人的咬字发音。看电视时注意观察播音员的口形，可以边听边模仿朗读新闻，可以通过录音的方式将播音员的普通话和自己的普通话进行比较，找出差异，对照改进。

4. 坚持不懈地练习

"冰冻三尺，非一日之寒"。练声者想要改掉与生俱来的发音习惯并不是一件容易的事情，也不可能一蹴而就，需要坚定信心，

克服枯燥，坚持不懈地练习，练声者可每天抽出固定的时间进行有针对性的重复练习。

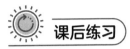

课后练习

有针对性地朗读一篇文章，看看你是否存在乡音过重的问题吧。

 扫码听声：音频欣赏 6

第二部分

美化声音：

打磨声音，练就动人嗓音

第7课

三腔共鸣：让你拥有专业的音色

人的口腔、头腔和胸腔，共同组成了"人体音箱"。口腔是声音的"源产地"，其充分共鸣能使声音清晰明了；胸腔作为人体最大的"音箱"，其充分共鸣则能使声音浑厚悠远；头腔共鸣则能使声音更加高亢明亮。三腔共鸣的总体原则是以口腔共鸣为主，胸腔和头腔为辅。只有将三腔融为一个整体，达到三腔共鸣，声音才会更富有感染力。

◁» 7.1　口腔共鸣：让声音优美、明亮

口腔是语言和声音的工厂，口腔内包含的嘴唇、舌头、牙齿、腭等发音器官的共同活动产生了人类语言，这些口腔内的发音器官是形成口腔共鸣的前提。口腔共鸣的腔体包括口腔、咽腔、咽喉腔三个腔体。口腔直接决定发音咬字的清晰程度，口腔共鸣作为发声过程中最主要的共鸣方式，也是其他共鸣腔声音振动的基础，训练口腔共鸣对发声来说也是至关重要的。

不具备口腔共鸣的声音十分含糊，也非常难有传播效应，练声者想要做到说话或唱歌时发出的声音达到"大珠小珠落玉盘"的效果，就要尤其注重口腔共鸣，这其中的张嘴、气息、发声、咬字、声调等一系列过程要一气呵成，练习这些，对提高声音的穿透力和饱满度都有很大的帮助。

7.1.1　什么是口腔共鸣

口腔作为发声过程中运动最灵活、最复杂的腔体，其他腔体的共鸣也需要建立在口腔已经取得良好共鸣的基础之上。练声者想要更好地练习口腔共鸣，需要首先了解口腔共鸣的概念以及如何感受口腔共鸣。

1. 口腔共鸣的概念

口腔共鸣也叫"上膛音"，是指喉头以上至上腭的共鸣。口腔共鸣由口腔内的发声器官共同协作完成，也会因舌头、嘴唇、软腭、喉头等器官的动作变化，而产生不同的共鸣效果。

因为口腔内各器官的动作变化非常明显，易于感受，因此口腔共鸣也是最容易体会到的一种共鸣。在三腔共鸣中，口腔共鸣的效果最好，声音最为响亮圆润。口腔也是发中音时的主要共鸣器官，因此又称为"中音共鸣"。另外，国粹京剧表演中的"亮音""水音""脆音"等都是指口腔共鸣。

2. 如何感受口腔共鸣

练声者可发长音"啊"，保持声音稳定，感受声音随着气息的变化离开咽喉部分不断向前，而后在口腔的前上部分引起轻微振动，这时也能明显地感受到鼻腔完全畅通，声音在整个口腔内游走。另外口腔共鸣的声音是非常饱满的，练声者在发声时可以仔细感受辨别一下发出的声音是否饱满集中。

7.1.2　口腔共鸣的训练

口腔共鸣是最基本的共鸣，我们在发声时的发声内容不同，发声腔体形态也是随之变化的。其实，大多数人平时的发声过程中也是会出现共鸣的，但那些大都属于自然无意识的共鸣。练声者需要掌握的是可以控制的、有意识的共鸣，因为有意识发出的共鸣会使得声音更加响亮清晰，那么训练口腔共鸣有哪些方法和技巧呢？

1. 练习口腔共鸣的方法

口腔共鸣是声音从喉咙发出后的第一个共鸣区，也是练声、发声非常重要的部分，是胸腔共鸣和头腔共鸣的基础，以下是练习口腔共鸣的方法。

练声者练习口腔共鸣时，口腔自然张开，面部肌肉微微上提，下颚部分自然向下，上颚部分有轻微上提的感觉。此时尝试发音，声音会通过声带附近的肌肉以及气息通道被传送，声音离开咽喉部分，流畅向前，在口腔的上部分引起振动从而产生共鸣，如图7-1所示。

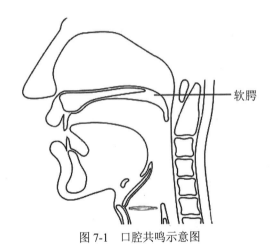

图 7-1　口腔共鸣示意图

练声者结合前面所述口腔共鸣时的感觉，反复练习，找到更适合自己的口腔共鸣训练方法。

另外有一种不正确的口腔共鸣方式为伸直脖子叫喊，行话称之为"羊声"。单单依靠伸直脖子喊出的声音其实是声音过度在喉部停留而强迫产生的没有规律的振动，整个过程口腔几乎不参与共鸣，长时间地采用这种发声方式不仅对练习口腔共鸣没有任何帮助，还会造成声音嘶哑，声带撕裂、喉部充血甚至更严重的损伤。

2. 练习口腔共鸣的技巧

口腔共鸣练习可以通过普遍的练习方法来学习掌握，但由于每个人的口腔内部形态可能略有不同，如何更好地根据自身的情况进行调整训练呢？以下是整理出的 4 点关于练习口腔共鸣的技巧，练声者可以结合自身条件进行更有效的练习。

（1）注意口腔形态变化和灵活性训练

口腔形态的变化决定了声波在口腔内壁的碰撞变化，口腔开合程度、唇的形状以及舌头的状态直接决定共鸣的变化，因此练声者在练习时需要注意口腔形态的灵活变化，读准字音，根据字音规律确保口腔形态准确，同时通过训练，适应字音与发声旋律的表现要求。

（2）确保唇部与牙齿处于贴紧状态

发声时唇部状态如果过于松弛，会直接造成咬字含糊、音色黯淡的情况。练声者在练习时应该收紧双唇，使双唇贴近牙齿，缩短口腔长度，同时注意在发带有韵母"ü""u""o"的字时减少噘嘴程度，这样做可以很好地提高声音的明亮程度。

（3）保持积极的状态

发声时如果表情僵硬、嘴角下垂，就会给人以消极、低沉的感觉，音色也会十分丧气，更难以带动情绪，更难营造积极向上、欢快愉悦的氛围。练声者练习时须保持心情愉悦，呈现一个积极的状态，另外可以结合"提颧肌"动作，使嘴角微微上扬，传递阳光积极的声音色彩。

（4）保持鼻腔通畅

部分练声者因为矫枉过正，在日常说话时，会习惯性提起软腭，阻碍喉腔与鼻腔的通道，导致鼻音浓重。因此在练习或平时说话时要格外注意包含"m""n""ng"这几个音节的字的发音，发声时舌头和软腭同时放松，保持鼻腔畅通，以此来改变气流在口腔内的走向，避免声音瓮声瓮气。

3. 练习口腔共鸣的注意事项

介绍了口腔共鸣的练习方法和一些训练技巧，那么练习口腔共鸣有哪些注意事项呢？以下列举了两点。

（1）口腔开度

口腔开度太小会使得口腔内的空间减小，发音会含混不清，也会给人一种"含着东西讲话"的感觉，更加不要说达到好的共鸣效果。前面的章节也对正确的口腔姿势进行过介绍，即提起颧肌、挺起软腭、打开牙关、放松下巴。

练声者可以根据步骤科学地做到这 4 点并熟练运用，加强训练，加大口腔开合度，结合口腔共鸣练习方法，获得更好的口腔共鸣效果。但如前面所提到的，口腔开度不宜过大，以免造成下巴脱臼等情况。

（2）口腔形状

打开口腔，并不是越大越好，而是要在感觉自然轻松的前提下适度。口腔开得过大将影响舌头、软腭等器官的灵活程度，时间一长很容易使面部肌肉感觉到酸痛或疲劳，进而影响正常发声。

通常来说，倒放的字母"U"是最佳的口腔形状。练声者在平时练习时应刻意加强口部姿势训练，正确的姿势有助于更好地进行发声和共鸣训练。

口腔共鸣对练声是非常有帮助的，可以使声音更加明亮靠前。但过多的口腔共鸣会使声音出现"白声"[①]，不仅发出的声音不够

---

① 　白声：指声音没有任何立体感，没有气息支撑，也泛指口腔没有打开发出的声音。

理想，还有可能会对声带造成永久损害。

4. 口腔共鸣练习素材

练声者可以根据上述方法读一读下面的词语和绕口令，更好地找到口腔共鸣的感觉并加以运用。

（1）词组练习

欢乐、琵琶、蓬勃、评测、披露、蓬莱

哗啦啦、滑溜溜、哐啷啷、噼啪啪、呼噜噜

（2）绕口令练习

山上五株树，架上五壶醋，林中五只鹿，柜中五条裤，伐了山上树，取下架上醋，捉住林中鹿，拿出柜中裤。

课后练习

试着发长音"啊"，感受一下口腔共鸣的具体位置。

7.2 胸腔共鸣：让声音低沉、浑厚

胸腔作为三腔中空间最大的腔体，共鸣量大，音效丰富。有胸腔的声音浑厚有磁性、饱满有力量，宽广且深沉，低音也能发得很自如，仿佛在声音中加入了混响效果一样。无胸腔的声音则过于轻飘，缺乏立体感和厚重感，低音也下不来，声音听起来干巴巴的，甚至显得整个人都有些轻浮。

前面的章节介绍了训练气息和发声的技巧与方法，这些方法也是我们学习胸腔共鸣的基础。只要坚持前面的练习，打好根基，掌握胸腔共鸣的方法与窍门也并非难事。

7.2.1　什么是胸腔共鸣

胸腔共鸣其实是一种声乐术语，一般用于中低音声部及某些粗犷男高音，产生胸腔共鸣后的声音会更结实、优美，也被戏曲界称为"膛音"。现在胸腔共鸣也广泛运用于声乐、播音等领域。本节将对胸腔共鸣的概念和如何感受胸腔共鸣两个方面进行说明。

1. 胸腔共鸣的概念

胸腔共鸣也叫基本共鸣，是声波通过胸部组织时引起共振所产生的共鸣。胸腔共鸣是一种十分常见的练声方法，也是发声过程中参与度较高的一种共鸣方式。

胸腔内的气管、支气管、胸骨、肋骨等都参与到共振和共鸣过程中。发声时，气息冲击声带振动发出声音，声音通过喉部和气管传播到胸腔时带动空气振动，从而引起整个胸腔共振产生和谐的共鸣声，如图 7-2 所示。

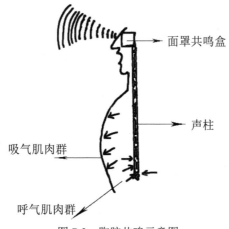

图 7-2　胸腔共鸣示意图

胸腔共鸣作为连接高中低声区的桥梁，在声乐领域的作用尤为显著，它能够很好地解决不同声区转换时出现的声音断裂问题，也是高声区获得强大气息支撑的源泉。学好胸腔共鸣，也能够很好地解决部分练声者练了很久的气息不会用来发声的情况，另外也能极大地缓解用嗓过度后嗓子干、痒、痛的问题。

2. 如何感受胸腔共鸣

了解了什么是胸腔共鸣，那么如何直观感受胸腔共鸣的状态呢？简单说来，胸腔共鸣类似于吹瓶子时发出的声音。整个胸腔就像一个空瓶子一样，入口很小，瓶颈很细，瓶身粗大。当我们对准瓶口吹气时，气流沿瓶颈向瓶身传递，同时带动瓶子和瓶子里的空气振动，发出"嗡嗡"的声音。当调整嘴巴和瓶口角度的时候，发出的声音也会相应变化，这就如同高音和低音在胸腔内的变化一样。

大口咬一口苹果，露出上部牙齿，咬下去的同时发出"嗯"的声音，这时可以感觉到声音在口腔后部和鼻腔上部的位置，接下来气息下沉，腹部稍稍用力，在刚才的位置发出声音，就会明显感觉到声音比刚才大多了。或者也可以尝试闭上嘴巴，发出长而深情的"嗯"音，这时会明显地感觉到头和胸前都在振动。这两种方法都可以很好地感受胸腔共鸣，练声者可以多做这两个练习，找到胸腔共鸣时的感觉，从而更好地帮助发声。

需要注意的是，在发声时，整个胸部要处于完全放松状态，确保气息畅通，使胸腔在吸气状态下自然松弛扩张，持续保持吸气的感觉，这也是获得胸腔共鸣的重要方法。

7.2.2 胸腔共鸣的训练

掌握胸腔共鸣，方法十分重要。本节将对训练胸腔共鸣前的准备工作和训练的方法技巧两个方面进行说明，来帮助练声者更加科学高效地学习并掌握胸腔共鸣。

1. 准备工作

准备工作主要从以下两个方面进行。

（1）胸部放松，保持正确姿势

正确的姿势是获得良好胸腔共鸣的前提条件。练声者在练习胸腔共鸣时应注意不要耸肩、吸气不要过满，不然会导致整个胸部过于僵硬紧张，不利于胸腔自如振动，更不利于胸腔共鸣的调节。

练习胸腔共鸣的正确姿势应该是保持胸部自然放松，身体正直，收紧小腹，挺直脖颈。正确的姿势对促使气息功能充分发挥十分有帮助，有助于产生胸腔共鸣。

练声者在练习过程中若是感觉到胸部紧张，可以通过反复深呼吸来缓解紧张，也可以通过扩胸运动帮助胸腔舒展放松，使胸腔打开、共鸣体积增大。

（2）保持喉咙松弛开放

喉部作为声音的"源头"，在练声时如果喉部过于紧张，发出的声音会显得干涩无力、后劲不足，同时也十分不利于声音向胸腔传递。保持喉咙的开放、畅通状态，有助于身体各个腔体之间形成一个整体共鸣腔，利于声音传导进入胸腔，从而获得更好的胸腔共鸣效果。

2. 练习方法及技巧

常见的胸腔共鸣训练方法是，做半打哈欠状，让下颚自然下垂，把平缓的声音反射点强行移至下齿龈，这样产生的胸腔共鸣效果更好，也能更直接地感受到声音在喉头与气管中间引起振动，从而很好地感受到胸腔共鸣时的状态。

另外下面会介绍 5 种训练胸腔共鸣的技巧，帮助练声者更快更好地掌握胸腔共鸣并借助胸腔共鸣的力量发声。

（1）运用联想的方法练习

练声者练习胸腔共鸣时，可以尝试闭上嘴巴发出"嗯"的音，并尽量延长发音，充分发挥想象，可以将这声音想象成由一颗石子投入水中后泛起的涟漪，随着声波向四周扩散，也可以想象成在一个密闭的空间发声，感受声音在有限的空间内回响，来感受胸腔的振动。

（2）靠墙练习

练声者在练习时可以找一处比较安静的房间，不需要太大。背靠墙面笔直站立，在这样的状态下进行课后练习，更容易感受到气息在身体内部的走向以及胸腔共鸣和墙面所产生的共振，此时胸腔共鸣的感觉也较为强烈。练声者多做这个练习，可以更好地体会胸腔共鸣的感觉。

（3）选择带有显著代表的声音练习

自然界中，牛发出的"哞"的声音就是典型的胸腔共鸣发音，练声者在练习胸腔共鸣时可以尽量选择这些带有浓厚胸声的母音进行练习，如"欧""嗨"等。在发音时整个喉部模仿"半打哈欠"时的状态，避免下颚过度紧张，将声音从上颚转至牙根，使得声音在气管和喉头周围自然振动，最后声音通过气管传至胸腔，产生良好的胸腔共鸣。

另外要注意的一点是，无论是模仿牛的声音还是练习其他发音，在练习过程中，要确保气息平稳均匀，切忌乱喊乱叫，更不要

"夹"着嗓子练习，以免对嗓子造成过度伤害。

（4）适度共鸣灵活调节

在练习共鸣发声过程中不能过度追求声音的"浑厚"，过量或过多的共鸣将直接影响吐字发音的清晰度，导致过犹不及。同时要根据不同的内容、场合、对象等灵活运用共鸣方式，使声音色彩服务于内容需要。例如，较为正式的场合或场景下的讲话、播音、歌唱活动可能需要多用到一些胸腔共鸣，而一些综艺娱乐节目或较为轻松的座谈交流活动则可少用胸腔共鸣。

（5）保持低声位发声状态

练声者在做胸腔练习时，应该有意识加强声音沿着声道向下传导，这样做是为了形成坚定而集中的发声点，从而能够促使气息得到充分稳定的发挥，也能让声音在胸腔中得到更好的共振和扩大，获得更好的胸腔共鸣效果。

在练习胸腔共鸣时应采用复式呼吸法或胸腹式联合呼吸法，并一定要注意保持放松状态，尤其不能一味地追求胸腔共鸣而去过分地压迫喉头，造成喉部紧张，错把受压迫发出的浓重的喉音认为是胸腔共鸣。

3. 胸腔共鸣练习素材

通常口部开合度大的音，更易于体会胸腔共鸣，练声者可以通过朗读来进行练习。

（1）词语练习

海阔天空、庞然大物、鹏程万里、豪言壮语、沧海桑田

惶恐不安、量入为出、壮志未酬、百炼成钢、光明磊落

（2）歌曲练习

陈粒 《易燃易爆炸》《光》

Shakira 《Underneath Your Clothes》

蔡琴 《你的眼神》

薛之谦 《动物世界》

飞儿乐队 《月亮湾》

课后练习

速读前文内容中的绕口令，找到胸腔共鸣的感觉。

7.3 头腔共鸣：让声音华丽、年轻

头腔共鸣也被称为"头声"，可以说是声音中最具有魅力的成分。对于演讲者而言，头腔共鸣能够使声音明亮、高亢、光彩恢宏、具有穿透力；对歌唱者尤其是男高音、女高音歌唱者而言，头腔共鸣几乎完全决定了声音的质量。因为没有头腔共鸣，高音几乎就上不去。练声者掌握头腔共鸣，让声音更加华丽明朗。

7.3.1 什么是头腔共鸣

在动物界，马称得上是头腔共鸣十分强劲的动物，马因其身体构造的原因，其发出的音高和音强给人以高亢辽阔的感觉，自然界中只有大象能够压制马所发出的声音。

头腔共鸣其实就是鼻腔上部的共鸣，如图 7-3 所示。通俗地说，头腔共鸣就是利用头骨和头骨中的空腔来增加声音的传导速度和穿透力。头腔共鸣为声音注入色彩与活力，实践证明，话剧、朗诵、播音甚至说话如果缺乏头腔共鸣，则发出的声音都是苍白无力的。

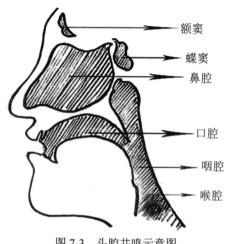

图 7-3　头腔共鸣示意图

额窦

蝶窦

鼻腔

口腔

咽腔

喉腔

以下将从头腔共鸣的作用、头腔共鸣时的感觉两个方面来进行介绍。

1. 头腔共鸣的作用

中国女高音歌唱家吴碧霞曾经说过："想唱好高音，必须让声音集中在头腔，头腔状态越稳定，高音的音色就越干净，演唱也更轻松。"意大利著名声乐教育家巴尔拉也对他的学生说过："胸腔音会使声音苍老，而头腔音会延续到晚年，谁会用头腔共鸣，谁就能唱一辈子。"这都表明了头腔共鸣在声乐界极为重要的作用，其实不仅是在声乐界，播音主持界也十分强调头腔共鸣作用。那么头腔共鸣具体有哪些好处呢？

（1）扩展音响

练声者在发声时，声音从声带发出，没有来自其他发声器官的协调配合，不能引起共振，更加无法将共鸣扩展开来，也就无法进行声音的美化、升华。头腔共鸣一定程度上能够为口腔共鸣和胸腔共鸣创造良好的条件，具备头腔共鸣的声音也会更加清晰响亮、圆润饱满。

（2）调节声区

不同的共鸣声区会产生不同的声音特色，也需要头腔、口腔和胸腔的互相配合，头腔共鸣作为高音区的主要共鸣，对高音的发出是有极大帮助的。在不同语音、语调的变化中，需要不断调换声区，以不同声区为主要共鸣点，使之融为一体，同时也能让音色更加自然多变。

（3）支持高音

上文引用的吴碧霞女士所说的话就极大地证明了头腔共鸣对歌唱者练习高音的重要作用。高音是一个有旋律和曲调的高潮，能够极大地调动他人的情绪，而头腔共鸣能够更好地帮助发出高音，也让声音更有质感。

2. 头腔共鸣的感觉

很多练声者苦于不知道头腔共鸣处在头腔的哪个位置。这个问题其实可以通过"嗅花香"的方式解决，想象自己身处一个清香芬芳的花园，我们慢慢将花香吸入，香气顺着鼻腔沁入头部，有一种吸入空气并向上行走的感觉，这其实就是头腔位置。

这里所说的头腔包括鼻腔、额窦①、蝶窦②，头腔共鸣实质是指与鼻腔贯通的额窦、蝶窦、眉心、鼻梁所产生的共鸣，声波在鼻腔中振动，传导至眉心，甚至到达前额、头顶，在歌唱中，特别是在唱高音时，歌唱者会感受到眉心的微微振动甚至麻酥的感觉，这就是头腔共鸣。

---

① 额窦：位于眼眶和筛窦的前上方，额骨眉弓后方的内外侧骨板之间的窦腔。
② 蝶窦：位于蝶骨体内，深居中颅底之下，由蝶窦中隔(septum of sphenoidal sinus)分为左、右两腔。

另外，针对头腔共鸣，部分练声者存在一定的错误认识，把头腔共鸣等同于"假声"，其实这是完全错误的。虽然说没有假声，就没有高位置，也很难拥有头腔共鸣。但是头腔共鸣和假声是有显著区别的。头腔共鸣发声时声带是闭合的，气息也同样是在闭合环境下运行。而发假声时声带并未完全闭合，并且伴随着漏气的现象。头腔共鸣声音纯净清晰，假声则会显得含糊不清。

7.3.2　头腔共鸣的训练

在很多练声培训课中也把头腔共鸣的练习方法叫空气冲击法。具体方法是在嘴巴自然闭上，牙齿微微打开，运用气息冲击硬腭部位，嗓子此时会发出"哼"的声音。经过坚持练习，就可以感受到眉心因共鸣产生的振动。这个练习方法难免有些抽象，以下介绍了3种比较具体的头腔共鸣练习法，供练声者参考。

1. 哼鸣训练法

很多声乐老师会讲到，"哼鸣在哪里，就唱在哪里"，学会循序渐进地运用哼鸣训练法对练习头腔共鸣是有极大的帮助的，因为练习哼鸣能够使声音迅速进入头腔，并且毫不费力气。练声者可以借助声母"m"来进行练习，模仿"半打哈欠"的状态，轻轻提起笑肌，口部呈小圆形，舌部放松，发"m"音，尽量降低音量，并延长哼鸣，使声音集中靠前。这时双唇会感觉到酥麻，同时眉心及其周围会有明显的振动感，也可结合前面讲到的气泡音结合"m"音，发出类似摩托车引擎的声音。

2. 模仿布谷鸟叫找感觉

还是以自然界的动物为例，听过布谷鸟叫声的人都知道布谷鸟会发出"布谷、布谷"的声音。首先，可以想象将一只鸡蛋含在嘴巴里，鼓起嘴巴的同时发"布谷……呜、呜、呜……"的音，发这个声音时要发假音。反复练习几次直到发音平稳后，升高假音的音调，并将音调不断上升。如果你觉得脑子有点嗡嗡的，甚至有点晕的感觉，这时头腔共鸣的感觉就会非常明显。

3. 哼唱歌曲找感觉

很多练声者在练习过程中很难找到头腔共鸣的训练感觉，其实最简单的训练方法就是找一首熟悉的歌曲或一段旋律来进行哼唱训练。歌手李健有一首著名的歌曲《风吹麦浪》，里面就有一大段的哼哼唱，自由而随意，给整首歌曲带来快乐和惬意的感觉，也使得整首歌的意境变得格外清新悠远。练声者也可以多加练习这首歌里面的哼唱不分，找到共鸣的感觉。另外邓丽君、费玉清、林俊杰这几位歌手都是运用头腔共鸣的高手，练声者也可以通过模仿他们的一些歌曲来学习头腔共鸣。

我们已经知道了头腔共鸣主要作用于鼻腔、额窦、蝶窦等部位，它是各声部高声区中的共鸣主体。练习时要注意软腭在口腔内上升或下降的运动方式，上升时要堵住鼻咽通道，而下降时则要紧贴舌根，这样有助于鼻腔与头腔的联通共鸣。同时，头腔共鸣相对口腔共鸣和胸腔共鸣来说是更加有难度的，需要练声者坚持不懈地加以练习。

掌握系统科学的发声方法，三腔共鸣必不可少。如果把人体比作一把吉他，我们的嗓子就是吉他的琴弦，而我们的口腔、头腔和胸腔则是琴身，也就是共鸣腔。声带发声所产生的音量大小只占声音音量的 5%，剩下 95% 的音量则全靠三腔共鸣放大产生。只有琴弦与琴身相互配合才能弹奏出优美的乐曲。

 课后练习

试着演唱一下《青藏高原》这首歌，感受头腔共鸣对发高音的作用。

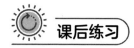 扫码听声：音频欣赏 7

第8课
声音弹性：打造你的声音名片

人的声音是具有可塑性的，在不同场合、不同情境之下可以发出不同的声音。练声者在练声时运用技巧，有意识地加强声音弹性练习，不仅可以增强声音的适应能力，也能够帮助练就带有磁性的迷人声线，提升个人气质。

◁» 8.1　有弹性的声音更有可塑性

通俗来说，声音弹性是一个人声音的可塑性和变现能力。歌唱家、演员尤其是配音演员的声音弹性都很大，普通人通过科学训练也可以提升自己的声音弹性。

例如，配音演员在配音时，可以塑造不同年龄甚至不同性别的声音，而且根据不同人物形象配出来的声音更是生动立体，让人觉得十分符合人物本身的形象特点。但同时有的人声音确实干巴巴的，毫无感情，这是每个人声音的弹性不同而造成的。

8.1.1　声音弹性的含义

声音弹性，是指发声时声音对不同内容和形式的适应能力。从声音本身而言，声音弹性包括声音的刚柔、强弱、高低、收放、虚实、厚薄、明暗等变化。从情绪传达方面来说，声音弹性是指发出的声音对于思想、情绪变化的表现能力，体现在声音的气息、色彩、音质的可变性和伸缩性。

对于思想、情绪变化表现力强的声音，我们称之为声音富有弹性。反之，对思想和情绪的变化表现力较弱的声音，我们称之为声音缺乏弹性。

影视剧作品中，有很多配音演员一人给多个不同的角色配音，这样的声音就是弹性大的声音。

国内著名的"神配音"团队胥渡吧，以原创配音《新白娘子传奇》《还珠格格》及金庸琼瑶经典剧被网友所熟知。2018 年 7 月 14 日，在北京北展剧场上演的胥渡吧八周年声优剧《白蛇传》，让主创人员和广大观众及配音爱好者共同度过了一个感动又难忘的夜晚。

也正是在这个舞台上，电视剧《新白娘子传奇》中的配音演员时隔二十多年再次向大家展示了他们强大的声音塑造力和表现力，剧中多位配音演员都一人分饰两个或多个角色。更令人意想不到的是，许姣容这一角色竟然先后有 4 位不同的配音演员配音，观众却完全没有听出一丝差别，不得不让人佩服这些配音演员的声音弹性之大。

8.1.2 声音弹性的重要性

人们常通过声音传递不同的感情色彩，比如兴高采烈、恼羞成怒、心平气和等，都是通过不同的声音传达出来的不同情绪。而在播音、表演或是歌唱等某些专业领域过程中，则需要针对不同的稿件、剧情、歌曲来传递更加丰富的情感信息，这对播音员或演员的声音弹性提出了更高的要求，我们常说的声情并茂就是声音的最高境界。声音弹性的作用主要体现在以下两个方面。

1. 提升声音的表现力

日常生活中，当我们为孩子讲故事时，为了增强故事的形象性和生动性从而吸引孩子的兴趣，我们也需要根据故事中的不同角色特点使用不同的声音来进行形象塑造。一个故事中往往有多个人物关系，而且各个角色的性格差异很大，如果一个声音从头讲到尾可能无法激起孩子们的兴趣。但通过改变声音和绘声绘色的讲述，我们就可以使人物角色变得立体丰满、性格鲜明。这样的故事画面感强，容易让孩子留下深刻的印象，并起到教育的目的。

2. 表达丰富的情感

电视剧《康熙王朝》中康熙怒斥群臣那场戏中的台词可谓经典，陈道明的表演可谓一气呵成，让人看了以后感觉酣畅淋漓。这大段台词从声音塑造的角度来说可以说是张弛有度、收放自如，将康熙内心的情绪变化演绎得淋漓尽致。这也是声音弹性所展现出的魅力。

8.1.3 提升声音弹性，气息、情感、技巧缺一不可

究竟如何提升声音的弹性呢？简单来说就是三点：情感、气息、技巧。

1. 情感让声音充满活力

心情愉悦时候，声音洪亮色彩明朗。心虚理亏时，说话就会吞吞吐吐，没有底气；内心坚定的人，声音平静而坚定；内心焦躁的人，声音急躁、不耐烦。声音从感情中产生，并服从于感情。人的内心情感丰富多彩千变万化，平静、愤怒、焦躁、害怕……都会对应出现不同的声音色彩和状态。因此对于不同行业的练声者来说，在练习发声时要结合自身的工作实际去揣摩情绪，从而准确掌握发声的情感基调，以情带声，以声传情。

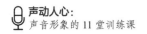
2. 气息是情感与声音弹性之间的桥梁

气息是声音的动力，是情感与声音弹性之间的桥梁。平静状态下的呼吸缓慢均匀，愤怒状态下的呼吸急促，紧张害怕时呼吸困难……情绪的变化直接伴随气息状态的变化。声音是情绪的外在表现，也是大脑统一指挥下所有发声器官统一协调的产物。训练声音弹性时也要注重对气息的训练。把握好情感和气息之间的关系，才能灵活自由地控制声音随情感的变化而变化。

3. 技巧训练是获得声音弹性的保障

加强技巧的训练有利于增强声音的弹性。声音的变化要依靠口腔咽喉的运动来实现，而嘴巴张开的大小、唇舌的灵活程度、咽喉是否放松、气息是否均匀绵长等因素都关系到声音弹性的大小。前面的课程都有讲述，可以根据训练重点对应学习。

试着运用夸张的发声方式，感受声音的弹性。

◁» 8.2　实用练声技巧，练出磁性迷人声线

央视主持人任志宏是我非常喜欢的一位老师，由他解说的《国宝档案》和《故宫》等央视纪录片得到了广大观众的高度认可。他的解说娓娓道来、情感丰富。他的声音温润悦耳、纯净醇厚，极具磁性又富有感染力和穿透力，给人以美的感受。

获得磁性迷人的声线需要一定的先天条件，更需要后天的长期练习。本节将向大家介绍如何练出富有质感的磁性声音。

8.2.1　磁性声音修炼初级阶段：改善不良说话习惯

想要拥有磁性声音，除了要充分利用共鸣器官发音、调整、练习气息，注重发音吐字这些技能外，还要从一些比较容易被人忽视的小细节入手，做好了这些，就离发出磁性声音不远了。

1. 避免不良的口头说话习惯

开会或者与人交谈过程中，我们经常会听到有的人会有很多口头禅和多余的废话，比如：然后、呃、嗯、那么……其中出现频率最高的是"呃"和"嗯"两个字。之所以出现这种情况，一是和自身的发声习惯有关，二是对于自己要说的内容在大脑中没有形成清晰的规划和计划，通过这些语气助词来给大脑思考和缓冲的时间，而在公共场合长时间说废话会给人以讲话啰唆和不专业的感觉。

为了改善这一不良习惯，我们可以将自己的说话内容录下来，找到问题所在，并在发声过程中有意识地去克制自己想要"说废话"的冲动。

2. 清楚准确的表达意思

你身边有没有这样的朋友，他在描述一个观点时，常常东拉西扯没有重点，对自己要表述的观点描述不清，也没有针对性。听的人有时候根本不知道他想说什么，久而久之，周围的人都不愿意听他说话了。在我看来他要表达的内容其实是一句话就能解决的。这也是很多人的问题——讲话没有逻辑。

没有逻辑的讲话会给人以内容混乱、喋喋不休的感觉，并且不容易倾听他人的声音，让人觉得不被尊重。想要简明扼要地表达观点和内容，最好的办法是对于要表达的内容打好草稿或腹稿，提前熟悉，反复地揣摩练习，从而做到言简意赅。

3. 有感情的表达

声音的表达需要情感流动作为支撑，有感情的声音就像一杯浓郁的奶茶香醇四溢、内容丰富。没有感情的声音则像一杯寡淡无味的白开水，无法给人留下深刻印象。

在能够清晰准确地表达意思的前提下，要使声音富有情感，我们可以从学习讲故事入手。讲故事是有效提高语言情感表达最直接有效的方法。在讲故事的过程中，我们会很自然地投入自己的真情实感，将其融入故事情景，调动听众的情绪。

8.2.2 磁性声音修炼的高级阶段：让声音更有感染力

由初级向高级进阶，更多的是发声细节的掌握。这也是普通人和主持人、演员之间的差别所在。归纳起来有以下 6 点。

1. 字正腔圆

通俗说来，发声时要把每个字词的发音和意思表达清晰，让别人听得清楚明白，这就是"字正"。而"腔圆"则是在"字正"前提下，语调完整流畅，情绪饱满圆润，使表达出来的内容给人以"悦耳动听"的感觉。

2. 培养受人欢迎的语调语气

例如，"这件事情我来处理，你回去吧。"大家用不同的语气和语速读这句话，会得到不一样的感受，比如激动的、高亢的、紧张的、悲伤的、优雅的、喜悦的等。不同的语气下，这句话所表达出来的情绪内容是完全不同的。语调能反映出一个人说话时的心境和态度，从一个人说话的语调和语气中，可以感受到他是一个阳光自信、诚实可信、风趣幽默的人，还是一个虚情假意、刻板保守、优柔寡断的人。

3. 注意语速、停顿得当

我们在说话、朗诵或唱歌过程中，适当的语速以及适度的语句或词语间的停顿，可以为发声内容加分。

当我们交谈或演讲时，合适的语速十分重要。语速太快会给人以紧张和焦虑感。同时说话的语速太快，可能导致很多词语含混不清，使他人无法听懂我们所要表达的内容。而语速太慢，如同电影《疯狂动物城》里的"闪电"一般，又会令人丧失耐心，焦躁不安。正确的做法是，说话时根据表达的内容不断调整语速，节奏快慢有序，使内容表达得丰富立体。

而适当的停顿，一方面是我们的生理需要，有利于我们的呼吸动作平缓；另一方面可以通过停顿表现出不同的情绪和情感，同时也可以通过适度的停顿给受众理解和思考的空间。

4. 突出重音

重音的突出有助于让受众把握内容的重点，尤其是在关键的动词、名词和形容词上使用重音，效果十分突出。但也要注意把握分寸，重音过多也会过犹不及。例如："今天我不想和你吃饭"，大家可以把重音分别放在今天、我、你、吃饭上来读，表达出来的意思是截然不同的，如将"今天"重读，今天我不想和你吃饭，强调的是时间；将"我"重读，今天我不想和你吃饭，强调的是自己；将"你"重读，今天我不想和你吃饭，强调的是对方；将"吃饭"重读，强调的是事件。

5. 好声音源于好内容

我们常说："腹有诗书气自华"，声音是情感和内容的表现形式，说什么、怎么说则源于我们读过的书，走过的路和经历过的事。

"若有诗书藏于心，岁月从不败美人"，这句诗用来形容央视主持人董卿再合适不过了，董卿在主持《朗读者》时，让广大观众感到惊艳；诗词大会的冠军武亦姝，她的声音里处处透着"书中自有颜如玉"的高贵气质；而素有音乐诗人之称的清华才子李健，他的歌里也始终透出一股干净清新的书卷气。

好的声音源自于宽博的见闻和才学，所以，多听、多看、多感受可以提高有声表达技能，丰富表达内容。

6. 读好书，发好声

丰富的经历能让我们体味更加丰富的情绪，塑造更多细腻鲜活的声音，同时读书也是一种经历，一种修行，优雅大方的谈吐，从容不迫的神情，信手拈来的词句来自于平日的积累。

宋朝诗人黄庭坚说："三日不读书，便觉语言无味，面目可憎。"曾国藩说："书味深者，面自粹润"，他认为读书可以改变一个人的气质；董卿"气质美如兰，才华馥比仙"的秘密在于她每天保持睡前一个小时的阅读，这个习惯雷打不动。在她的卧室里，没有电视没有手机，没有任何电子产品，看书对她而言是一种生活习惯。

要想练就优雅的气质，首先得注重积累，而积累最好的方式就是读好书。

 课后练习

你认为影响磁性声音的因素有哪些？

◁》 8.3　塑造自己的声音形象

　　"未见其人，先闻其声"是王熙凤的声音形象，《动物世界》是赵忠祥老师的声音形象，夸张的"哈哈哈……"是周星驰个人的声音形象。极高辨识度的声音，形成了鲜明的人物标签。

　　声音是一个人个性的重要标签。配音演员所演绎的声音形象多种多样，可塑性非常强。作为普通人，我们也可以通过练习来塑造属于我们自己的声音形象。

8.3.1　你是否也有形象和声音不相称的困扰？

　　你了解自己的声音吗？你的声音是富有磁性还是苍白干涩？当发声时，我们的声音会给别人留下什么样的感受？是否会让人产生"这个人的声音和他的样子不太一样"的疑惑呢？

　　香港武侠剧《天龙八部》中乔峰的声音浑厚粗犷，结合他的装扮，给人一种大气豪迈、义薄云天的感觉。虚竹的声音则是清澈透明，观众看了他的样子就给人慈悲善良的感觉。而段誉的声音听起来则是温文尔雅，和他谦谦君子的形象相得益彰。

　　如果把他们三人的声音和形象对调一下，会是什么样的效果呢？乔峰的形象配上段誉的声音，会给人以"娘娘腔"的感觉。而段誉的形象配上虚竹的声音，则会给人呈现一股"呆傻"之气。

　　和形象匹配的声音应该具备发音清晰、声音悦耳、音色温暖、风格适宜这几个基本要素。如何检验呢？大家可以通过以下几个方面来对照自测自己的声音。

1. 你的声音清晰吗？

　　声音作为一种信息传递方法，在说话、演讲过程中，清晰的表达是声音的基本要求。音色、情感、温度等等，都建立在清晰的基础上。

记得我在高中时期，在课堂上回答问题时经常被老师要求重复所说的内容。现在回想起来，我那时的问题，主要是因为胆小而造成的音量过小、发声含混不清导致的。如果别人经常要求你重复所说的内容，甚至多次重复才能理解。那么你就需要反思是不是自己声音的清晰度不够，深入分析到底是吐字发音问题，还是音量太小，或者语速太快，乡音太重等。找到问题的根源后，有针对性地进行训练改进。

2. 你的声音悦耳吗？

刺耳的声音、过于沉闷的声音、单薄的声音都不是悦耳的声音。每个人的嗓音特点是与生俱来的，有的低沉，有的高亢，有的洪亮，有的轻柔，发声时要遵循扬长避短这一原则，通过科学的发声加以优化和美化。

3. 你的声音有温度吗？

当我们拨打很多客服电话时，往往会听到："您好，先生／女士，欢迎致电××××客户服务电话，我是工号××××，很高兴为您服务，请问有什么可以帮您的吗？"电话那头的客服人员，我们不用看就知道他／她是一副神情冷漠，面无表情的样子，机械地重复着这一动作而已。对于这种没有温度的交流方式，很多人会视若无睹，有的人甚至会粗暴打断直接跳入到自己关心的问题。

在我们日常与人打交道的时候，我们的声音是否投入了感情，是否有温度，是否真的愿意和别人交流，其实很容易被听出来。而人们大多不愿和态度冷漠敷衍的人交流，因为有限的热情很难融化一块坚冰。

4. 你的声音和场合相适宜吗？

不同场合下我们的穿着要得体，也就是要和活动场景相适应，声音同样也是这个道理。工作时，和同事说话的声音就如同跟爱人说话一样，肯定会遭人非议。给孩子辅导作业时声音严厉，肯定会吓哭孩子。家庭聚会说话时声音低沉紧张，肯定会让亲人觉得不舒服。因此，声音要与不同场景相契合才是最好的，绝对不能在任何场景下都一成不变。

8.3.2　你最适合哪种声音形象

声音是情绪内容的传递。不同的人，见闻经历不一样，性格不一样，说话的方式也不一样，个人可以根据自己的性格特点塑造属于自己的声音形象。不同的声音形象传递给人不同的感受，是如沐春风、醍醐灌顶、宽慰人心还是鼓舞士气，接下来将为大家一一介绍。

1. 听闻你理性的声音，充满了知性

"伤害他人，有时也意味着毁灭自己，即便你占尽了优势，也不可能为所欲为……"董卿的音色纯粹且无杂质、音量沉稳、语气坚定，加之有深度的思想，因而听闻她的声音时总让人如沐春风，醍醐灌顶。所以提及她，脑海里的第一反应是——知性。无论是《朗读者》还是《中国诗词大会》，只要有她出现的节目总如星辰大海让人忍不住反复"咀嚼""回忆"。

理性的声音散发着知性的气质。声线富有磁性，音调沉稳，语气坚定，在表达上力求简练、精确、有条理。在职场上理性之声能提高沟通效率，易给人塑造专业知性的形象，平静而有说服力。倘若你的音色条件不是特别好，便可以通过气息、节奏及说话条理的训练来塑造理性的声音，给人知性的气质。

2. 听闻你温柔的声音，能让人找到心灵栖息的港湾

"踮起脚尖，提起裙边，让我的手轻轻搭在你的肩……"如果，要把温柔的感受换成文字，这段歌词再合适不过，字眼里流露的全是"温柔"。更应景的是，某天夜晚打开电台，一位女孩正在用温柔的声音诠释这首歌，那一刻这首歌与她温柔的声音融为一体，让人感到无比的宽慰、治愈，有种说不出来的舒服，让人"深陷其中，无法自拔"。

温柔的声音，声线圆润、音调轻柔、语速上不疾不徐，语意中饱含温情，不浓烈不寡淡，恰到好处。若你的嗓音圆润，温柔之声也许适合你。想要塑造温柔的声音形象，则需要掌握说话的舒缓节奏，用较慢的语速、轻柔的语调为对话注入情感。

试着用舒缓的语调，有情感地朗读以下词句。

慢慢是一个很好的词

慢慢遇见

慢慢成长

慢慢喜欢

慢慢温柔

所以我们要一起慢慢来

慢慢看世界

慢慢变老

3. 王者之声，充满将相典范

"每次听外交部发言人讲话，都让人热血沸腾，心潮澎湃"这应该是大多数人的共同感受。外交部发言人的声音可谓王者之声的

典型代表，声音沉稳、洪亮而有力，言辞犀利，给人成熟、稳重、智慧的形象，言语间总能给人勇气和自信。

只要你足够自信，且具备敏锐的观察力和应变力，便可以练就王者之声。

练就王者之声首先需要准确掌握语调的抑扬顿挫，用声音强调重点。试着用关键字重音，品读以下句子。

你在和"我"说话吗？

你在和"我"说话吗？

"你"在和"我"说话吗？

其次需要激发观众的情感，引发共鸣。运用抑扬顿挫，有感情地朗读以下段落。

如今，我们都害怕"失败"这个词，但真相是，我们需要失败。失败是大自然给我们的垫脚石，它引领我们走向完美。但在某种程度上，我们因为太害怕失败而直接忽略了它们。

4. 甜美的声音，让人如痴如醉

"你的声音甜的像从蜜罐里出来的一样"用这句话来形容"甜歌皇后"邓丽君一点也不足为过，她甜美的歌声融化了千万人的心。

甜美的声音通常适合声线稍高的人群，在发声时需要着重掌握语气语调。尽量使用上升的语调，增加语言的活力，减少语气的沉闷感；说话时保持节奏轻快，给人轻松悦耳之感。

试着用上升的语调朗读下面的诗句，感受声音的甜美。

请千万不要出声 她正在午睡阳光在青石上跳跃
清风拂起她的温柔
小鹿眨着迷人的眼睛
古木含着清香的气息这个姑娘还在轻睡
安静而动人
我想将她描下
却画不出她安静里的蓬勃
便索性写下《简单幸福》

此外，发声者需要具备发现美的心，只有内心真正感受到甜蜜和美好，发出的声音才会甜美。

塑造何种声音形象，需要结合自身特质。选择最符合自己声线条件的声音形象，通过后期科学的训练才能获得好的效果。

课后练习

你认为你的声音属于以上哪种风格？

◁» 8.4　塑造自己的声音气质

德国哲学家莱布尼茨曾说："世上没有两片完全相同的树叶。"这个世界上也没有完全相同的两个人，人与人之间不同的外貌性格特征组成了绚丽多彩的人类社会。在这个崇尚个性的时代，人人都在追求与众不同，你是气质如兰、温婉如玉还是粗鄙不堪、俗不可耐，你的声音气质可以说明一切。为了更好地体现自己的修养、气质，我们要修炼声音气质。

8.4.1 塑造自己独特的说话风格

说话风格，是指在日常说话或交往过程中，逐步形成的带有鲜明个人特色的表达手段和表现方式。这其中既包括说话的内容要说到点子上外，同时还要注意语调、语气、表情、手势的恰当得体，从而形成具有自身特色的说话风格，练声者可以尝试从以下几个方面来着手练习。

1. 始于模仿，但不止于模仿

美国总统林肯不仅是出色的政治家，也是著名的演讲家，他的《葛底斯堡演说》被作为英文演说的典范。林肯在演讲方面的成就得益于他长期坚持口才训练，年轻时听律师辩护、听传道士布道、听政界人士演讲，细心揣摩他们的表情、动作和语气，回来后自己对着树桩和玉米反复模仿练习并在模仿过程中逐步加入自己的语言特点。

很多演艺界人士都是模仿高手，例如湖南卫视主持人汪涵擅长模仿各地方言，歌手费玉清擅长模仿港台歌星唱歌，无论是唱歌还是说话，他们都能把被模仿者的强调学习得惟妙惟肖。

在开始练习说话或演讲时，很多练声者可能无法准确找到自己的风格定位，最简单的方法就是参照模仿。比如模仿播音员、主持人、演说家等，可以选择一个模仿对象对照他的语气、神态和肢体动作进行细细揣摩，也可以博采众长吸取精华进行学习。

但模仿不是目的，到一定程度后，就需要在实践中去摸索找准自己的定位，同时要不断地学习、探索、创新，这样才能建立起属于自己的说话风格。

2. 说话要符合自己特点和特长

工作或生活中，如果你是热情开朗的人，你可以打造热情洋溢、活力四射的说话风格。如果你是严谨务实的性格，你可以打造逻辑严密、言简意赅的说话风格。如果你是执行力强雷厉风行的人，你可以打造干净利落、掷地有声的说话风格。如果你是风趣幽默的人，你可以展现机智幽默、轻松搞笑的说话风格。

这就要求每一位练声者从自身优势出发、扬长避短。充分认识、剖析自己，对自身的年龄、性格、音色、声调行为模式等进行科学客观的评估。气质和风格的形成和身材样貌、穿着打扮关系密切，但本质却是一个人的内在学识修养、生活阅历和人生态度的外在表现，和人的成长、学习和工作经历息息相关。因此深入细致的分析评估自身的气质、形象、音色和性格，有助于建立起区别于他人的个性化语言和举止，让人容易记忆深刻。

3. 表达自然，赋予真情

在说话或表演过程中，采用自己较为舒服和适应的表达方式自然表达十分重要。刻意隐藏或改变自己的口音或说话方式反倒不利于声音风格的塑造。

赵本山作为中国家喻户晓的艺术家，他的小品内容贴近生活，风趣幽默让人印象深刻，带有浓厚的"黑土风味"。在他东北口音和独特嗓音的"加持"下，形成了特有的腔调和表达方式，让人"过耳不忘"印象深刻。试想，赵本山的小品内容如果用央视主持人康辉的声音来表演，那么肯定会少了很多"味道"。

2013年,湖南省纪念毛泽东诞辰120周年文艺晚会在长沙举行，其中，由著名艺术家鲍国安和张丹丹深情演绎的音诗画《为有牺牲多壮志》深深地打动了我，让我记忆深刻。两位艺术家表演时饱含深情、双眼噙满泪水，通过声音和情感再现了毛主席和他的战友们走过的那一段波澜壮阔的历史征程。相信和多观众也和我一样，被他们真切的声音和真挚饱满的情感带回到了那段艰苦却伟大的历史中。

虚伪的人令人讨厌，无论是交谈、演讲或表演，学得会的是技巧和套路，学不会的是真诚。真挚的眼神、诚恳的语气、积极的身体姿态，以及你的真实故事、真实目的、真实想法会比那些花哨的技巧更加实用。打开心扉，展现真我，会让你赢得更多的听众。

4. 坚持不懈

北大保安许文龙的故事激励了很多人，他用 3 年时间，积累了 15 000 个英语单词，帮助留学生找医院，被外国人点赞。在荣誉的背后是坚持不懈、刻苦学习的成果。

风格的形成是长期积累的结果，不是一朝一夕就能形成，要想形成自己独特的说话发声风格，必须勤学苦练。首先要树立坚定的意志，坚定不移地朝着预定的目标前进。说话风格需要练声者通过行动去实践，持续不断的训练是形成个人风格的重要途径。

8.4.2 提升气场，让声音更自信、有力量

"所到之处，便是焦点"讲述的就是气场。真正的自信无需言语衬托，也不必虚张声势，它是由内而外自然散发的气质，是不怒自威、自带光芒、令人瞩目的天赋。心理学研究发现，每个人都有气场，气场可以是吸引力，也是魔力。不同的人气场有强弱之分，气场越强大的人受到外界和他人干扰的可能性就越小，而带给他人或外界的影响反之却很大。而气场虚弱的人，则很容易受到外界力

量或他人思想的干扰。人的气场虚无缥缈，但又实实在在存在，通过科学的训练，每个人的气场都能得到提升。

1. 自信是提升气场的基础

正所谓："有理不在声高"。很多人认为气场强大就是声音大嗓门儿高，其实这是一种误区。气场强大与否与声音大小并没有直接关系，声音大不一定气场强，而声音小也不一定气场弱，强大的气场来自于由内而发的自信。

外交部发言人素有"中国外交第一天团"之称，他们在面对外国记者的犀利发问时，往往以沉着冷静的姿态、睿智精练的语言、自信坚定的语气和平缓的语速回答外国记者的提问。发言人之所以能如此的淡定从容、掷地有声，除了自身过硬的业务素质外，更因为在他们身后站着我们强大的祖国。

提高自信，发声者需要做到内外兼修，内在不断丰富自己的内涵，做到心中有"货"；外在相信自己，敢于表达。

2. 树立切实可行目标，并分解实现

"晚上想好千条路，早上起来走老路"这是大多数人的常态。很多人在练声或学习过程中都会给自己设定目标，但有的目标在设置之后难以坚持或不了了之，这样的情形多了以后会严重打击自信心。

遇到这样的情况，我们可以把我们想要达成的目标进行分解。以演讲为例，我们可以设定为每天自行练习演讲 5 分钟，10 天以后可以在 5 人面前进行演讲，一个月后可以进行公开演讲。以此类推，直到自己可以充满自信的演讲为止。每当达成一个小目标时，我们的内心会为自己取得进步而感到骄傲，这是自信积累的过程。

3. 肯定自己，坚持己见

气场较弱的人往往在思想上摇摆不定、缺乏主见，这类人往往容易受到他人思想的左右，随声附和是他们的特点。而气场强大的人往往都非常自信有主见，对很多问题和情况他们有自己的见解和解决办法，能清晰地表达自己的观点，并获得听众的赞同。重要的是，对于自己坚持的观点或自己想要做到的事情，他们往往会想方设法克服困难，验证自己的观点，达到自己的目标。

比尔·盖茨在上大学时，为开创自己的事业不顾家人反对毅然退学创立了微软，最终在计算机事业领域为世界作出了巨大的贡献。当然我们所说的坚持己见也并非固执己见、盲目坚持，而是要建立在科学分析、刻苦坚持的基础上。

4. 勇敢表达

气场较弱的人做事情时往往瞻前顾后，不确定自己是否考虑周全，因此做决定时优柔寡断。这类人一般都很难迅速、果断地做出抉择。而气场强大的人往往都内心勇敢，他们敢想、敢说也敢做。气场强的人遇到问题之后，只会考虑怎么做，而不会考虑要不要做的问题。

不论是参加专业性比较强的会议，面对的是某一领域的专家，还是在领导面前，只要符合时宜，就要勇于表达自己的观点。

5. 正视自己的不足

气场强大的人往往内心也十分强大，他们敢于正视自己的不足，能接受自己的不完美。而气场弱的人，内心则充满了恐惧，对很多未知的事情或者还未发生的事情都感到恐惧，甚至感觉自己一无是处，十分自卑。

其实，这种想法大可不必，每个人的成长、学习和工作经历都不同，不应妄自菲薄也不应该洋洋自大。做好自己，努力去弥补我们自身的短板，每个人都会在自己擅长的领域里得心应手，甚至成为这个领域的专家。

气场如同呼吸一样，如影随形，强大的气场通常会产生不怒自威的效果。提升气场，需要在每一次与人交流或演讲过程中，要做到声音洪亮，仪态大方，无论站立行走要有气势。相信通过严格的训练和长期练习，你也可以拥有强大的气场。

8.4.3　职场气场提升技巧

职场人的气场提升是一个综合形象的提升，包括穿着、姿态、声音等等，需要进行全方位的立体打造，这里我们主要介绍如何提升职场人的声音气场。

1. 神情大方、自然

在与人沟通或演讲时，要调整好情绪，在发声过程中，要目视对方眼睛或者鼻尖部分。眼神游离或飘忽不定会让人感到不受尊重，同时也会给人猥琐、畏惧的感觉。

说话过程中声音大小也要合适，说话时注意面部神情大方自然，不要音量过小、唯唯诺诺，从而给人底气不足或不够自信的感觉。

2. 说话前理清思路

在说话或讲话前，要根据不同场合和不同受众，组织思路和语言。尽量做到言简意赅，不说废话。比如在向领导汇报时工作时要先说结果，如果工作没有完成再说明没有完成的原因，最后给出解决方案供领导决策。如果工作已经完成，结果领导是否满意要请领导提出意见。

在发表讲话，尤其是代表企业或集体公开讲话时，更要注意讲话逻辑清晰，思路缜密，措辞严谨，适当放慢说话语速，这样会给人以说话深思熟虑、成熟稳重的感觉，也就形成了自己独有的气场。可以多看政府领导人的公开讲话，他们的讲话往往言辞缜密、稳重大方、条理清晰。

3. 言辞要有力度

这里我们所说的言辞要有力度并不是指说话的声音要有多大，而是指说话时内容要有理有据，语气要掷地有声、铿锵有力，给人以无可辩驳的感觉。

言辞力度在辩论过程中展现得淋漓尽致，一场高级辩论赛的双方往往给人有理有据、条理清晰之感，同时辩词又一针见血，让人豁然开朗。如"对方辩手不要偷换概念""对方辩手请正面回答我的问题"等"金句"频出、言辞有力。

4. 淡定从容、不卑不亢

职场上，想要做到各种情况下说话都有条不紊、淡定从容，就必须建立良好的工作习惯。例如把文件整理好、重要会议提前到场准备、建立数据化的工作思维等，这样一来，无论领导什么时候问到相关问题都能做到从容应答。

想要克服惧怕领导的心理，要做好心理建设，暗示自己领导也都是从普通岗位做起的。同时要相信做好本职工作，在业务上稳扎稳打，即使遇到领导发脾气，大多数情况下也只是对事不对人，按照领导要求调整改进就可以了。面对领导的批评，正确的地方要虚心接受，做到不卑不亢。

5. 气场强大不是咄咄逼人

一说起气场，很多人就觉得应该是严肃冰冷，拒人于千里之外的感觉。其实，气场强大并非咄咄逼人。工作中，我们需要和其他同事合作，因此与人交往沟通时让人觉得舒服自然，有礼有节，这才是好的气场。而平时说话很不客气，做事飞扬跋扈，这也是一种气场，只不过是不太受欢迎的气场。

电影《功夫》中，包租婆嘴叼香烟，脚踩拖鞋，一会儿指着这个鼻子骂，一会儿对着那个吼，可谓是气场十足。但在现实生活中，这样的人并不会受到大家的欢迎。

曾经，我也很羡慕那些职场中侃侃而谈、气场强大的人。现在来看，气场就如同我们额头上的皱纹一样，随着年龄的增长和阅历的丰富，多数人到了一定年龄就自然会形成自己的气场。对于职场新人来说，建立起良好的心态也能形成自己独特的气场。

6. 减少肢体动作，传递强大气场

日常说话时，每当我们说到兴奋的时候，总会手舞足蹈，希望通过这样一种方式来让对方感受自己的情绪和气场。殊不知，表达中肢体动作越多，作用恰好相反。这一现象就如同动物界中很多动物挥舞身体或做出夸张动作来吓跑天敌一样，是一种虚张声势。而细小的肢体语言甚至是一动不动，却往往蕴含着强大的力量。

经典犯罪悬疑电影《沉默的羔羊》中，汉尼拔这一角色全程都没有过多的动作，依靠演员的声音和眼神使汉尼拔这个角色形象深入人心。影片中，女主角也被男主角的强大气场所震慑。另一部经典电影《教父》中也有类似的场景。影片开始，由马龙·白兰度饰演的黑手党头目科里昂静静地坐在椅子上抚摸着小猫，偶尔轻轻动动手指挥两下，强大的气场哪怕是隔着屏幕都能感受到。

　　气场养成的目的不是为了威慑或者恐吓别人，而是希望通过自己的气场感染别人，让别人自主接受自己的意见或观点，从而达成自己的目标。但这里所说的随心所欲并不是放任和放纵自己的情绪与个性，而是在工作生活过程中通过不断地学习和积累为依托。真正的气场是深入骨髓的学识与教养，为人处世从容不迫，待人接物谦逊有礼，不需要装腔作势，也不必沽名钓誉，人们会自然被你的气场吸引过来，对你充满喜爱与尊重。

课后练习

　　你认为还可以通过哪些方式提升职场气场？

扫码听声：音频欣赏 8

第三部分

实战运用：

让你的声音产生影响力

第9课
教你一开口，就 HOLD 住全场

俗话说，"闻声识人"，声音决定了一个人38%的第一印象，是递给别人的一张听觉名片。在不同的场合与不同的人沟通交流时，使用不同的发声技巧和声音礼仪，在给对方带来一场舒适的听觉体验的同时，也能塑造自身专业且有气质的良好形象。

◁》9.1 初次见面，如何用声音留下好印象

心理学家认为，表达者的声音决定了听众对其38%的第一印象，当表达者不能与听众面对面交谈时，表达者声音的音调、音质、语速的变化和表达能力决定了其说话可信度的85%。声音的感染力是非常大的，声音就是人的"第二张脸"。

9.1.1 声音给人的第一印象

第一印象是指我们在接人待物时形成的最初感觉与留下的印象。它对人们形成对人或事物的总印象具有较大影响，即先入为主，可能是肯定的，也可能是否定的。同时，第一印象常常成为人们决定自己以后交往行为的依据。

一项国际研究发现，人们通过初次听对方的讲话声音很快就能对陌生人留下印象。该研究通过选取"hello"这个词，给320名志愿者播放64段"hello"声后让他们凭印象选择所听声音属于10种人物性格中的哪种，其中人物性格包含（可靠、有亲和力、自主

等），研究发现，大多数测试者在听到声音 0.5 秒内就能做出判断，且对同一种声音的判断大致相同。

9.1.2　掌握说话的技巧

声音是对内容的传达，情感的外化。想要给人留下好的印象，需要在适当的场合、适宜的时刻，与对的人做恰当的表达，让你的声音变成悦耳之声。

1. 找合适的话题

在初次与人交谈中，通过找到合适的话题，可以拉近跟对方的距离感，赢得对方的好感。

美国康乃尔大学心理学教授薇薇安·扎亚斯表示："我们通常会喜欢与我们至少有点相似的人。"因此，当你和他人交谈的时候，如果你想快速地与对方建立起不错的联系，你应该尽快找到彼此之间的共同点。例如，你在言语之中得知了他所擅长或喜欢的某件事情，或在交谈之前做过深入了解，那么你就可以在合适的情况下，通过言语引导向这件事情。

2. 真诚交流，用心倾听

心若亲近，言行必如流水般自然；心若疏远，言行只如三秋之树般萧瑟；任何时候，真诚沟通很重要。与人交流时，态度往往让人印象深刻，若你的态度真诚往往也会得到好的回馈，让交流变得更顺畅，自然给对方留下好印象。

在《令人心动的 offer》[①] 节目中，一位面试者被问及家里人是否要求他考研，求职者回答："有，但是对于律师这份工作，我实在是太喜欢了，所以在这件事情上我必须坚持。"面试官被求职者

----

① 　《令人心动的offer》：一档律政职场观察类真人秀节目。

的真诚打动，也从侧面了解到他对所求职业的热爱与坚持，这个回答反而为他加分。试想，若面试者违心地回答"没有"，那么就不会有接下来的回答，自然也就不能让面试官看到他的这份热爱。

3. 做有趣的人，说有趣的话

俗话说"有趣的灵魂万里挑一"，说话风趣的人往往能营造一种诙谐、轻松、愉悦的沟通氛围，给人留下好的印象，让人愿意听你说话。有趣源自于人生智慧，而不是单纯停留在肤浅逗乐上。

在郭德纲采访协和医院有名的急诊科大夫时，他了解到这位女大夫有 192 万的微博粉丝，他问道："那么多的医生写微博，为什么您就红了呢？"女大夫说："大家都说我长得像您。"女大夫用幽默的方式巧妙地"吹捧"了郭德纲，于是郭德纲继续回答说："那您应该大红才对。"两人幽默的说话方式可谓高手过招，给人满满的说话艺术感。有趣的人可以有效地化解尴尬，出其不意，给人留下更深刻的印象。

4. 给足空间，留有余地

"心急吃不了热豆腐"，想要给人留下好的印象亦是如此。很多人往往在第一次见面时，为了给对方留下好的印象，急于表现，反而适得其反。第一次见面因为对彼此都不是很了解，心里都设定了一个安全空间，因此分寸感尤为重要，我们可以称之为"边界感"。做到不过分倾诉也不过分窥探是保证礼貌发声的基本准则。给足空间，留有余地往往能给对方营造更加舒适的氛围，留下好的印象。

例如，一位初次见面的人询问你的家庭成员，你可能会非常反感，感觉被冒犯，甚至会认为对方不怀好意，在窥探你的隐私；倘若你跟一个刚见面的人倾诉你的感情问题，对方可能会被吓到，不知道你的意图何在，因此边界感能决定发声的舒适感。

课后练习

还能通过哪些方式用声音给人留下好印象。

9.2　社交场合的声音礼仪

美国的心理学家和传播学家艾伯特·梅拉比安提出"55387 定律"，即"55%+38%+7%"，其中 55% 是沟通的态度，包括动作、表情等；38% 是讲话时的语气；7% 是说话的内容。可见沟通时的态度、语气、语调是影响沟通有效性的重要因素。

9.2.1　尽量使用低音

低音往往给人成熟、理性、安全、可靠的特质，丰富的阅历和见识感，彰显了体贴、大度。在社交场合中，低音是一种魅力，也是一种自我修养。

1. 公共场合控制音量

细节之处见修养，很多人会有一些不好的习惯，例如喜欢在公共场合高谈阔论，甚至是大声嬉闹，肆意喊叫。很多人也并没有意识到，其实降低在公共场合的音量，做到不影响他人，也是一种社交礼仪。你是否常常有这样的经历：在公交车上全车人听着一个"大嗓门"讲电话，同时还开着外放；火车上有人调着高音量观看视频全然不顾其他乘客是否在休息，这类人往往容易让人反感，也被声音暴露出了缺乏教养。其实，一个人的修养越高，在公共场合开口时就越会懂得照顾他人的感受，这样的人会控制自己说话的音量和语气。

宋庆龄是典型和声细语之人，在公共场合说话从来不见歇斯底里、高声喧哗，一言一行都十分得体，显出极高的个人修养。美国知名作家项美丽在《宋氏三姐妹》一书中回忆称："孙夫人说起话来细声慢气。"

2. 有理不在声高

工作中亦是如此，科学研究发现，当人在一个 40Hz 的长低音下很容易安静。工作环境通常是一个创作的环境，需要安静的氛围去思考；我们也常常面临讨论、汇报等工作方式，老话说"自古贵人声音低"，以声压人不如以理服人，真正有实力有底气的人，不会言辞粗鲁、情绪激昂与人争得面红耳赤。低音量往往能让人更加理性，更易给人塑造职业化、专业化的形象，因此往往更具有说服力，让人心悦诚服。

战国时期，齐、魏两国长期争战，齐威王出于报复想攻打魏国，但是显然并非好的时机，淳于髡想劝阻齐王放弃伐魏的计划，以避免两败俱伤，它国渔利，但若直接指出齐王错误可能会刺激齐王加速其攻打魏国。

于是他给齐王讲了一个故事："韩国的黑犬是四海之内跑得快的狗，东郭的狡兔是天下敏捷的兔子。韩国的黑犬追逐东郭的狡兔，围着山跑了三圈，腾越过五座山，兔子尽力往前跑，狗竭力在后面追，终狗和兔子都因筋疲力尽而死亡。一个猎人见此情景，不费吹灰之力，便有了一天的成果。"接着他说："如今，齐、魏两国实力相当，争执不下，长年的战争，使士兵们苦不堪言，人民筋疲力尽，农耕不能按时进行，生活得不到保障。我很担忧，我们两国长期交战的结果，就会像那狗和兔一样，双双死于疲命，而那强大的秦国却来坐收农夫之利。"听完这段话，齐王觉得非常有道理，立刻取消了伐魏的想法。

淳于髡借事说理，生动形象，没有高音争论，却达到了最理想的效果。

9.2.2　注意语调柔和

不同的语调传递了不同的情绪和态度，一般情况下，柔和的声调代表坦率和友善，在激动时自然会有颤抖，表示同情时略为低沉。不管说什么样话，阴阳怪气会显得冷嘲热讽；用鼻音哼声往往表现傲慢、冷漠、恼怒和鄙视，会引起对方的不适，因此恰当自然地运用柔和的声调，是顺利交往的条件。

柔和的语调常用于商讨的口吻与人说话，表现为语气亲切、语调柔和、措辞委婉、说理自然。这样的语调使人愉悦亲切、更容易让人接受，往往能达到以柔克刚的交际效果。一家鞋店的营业员碰上了一位挑剔的女顾客，挑选了好几双鞋都没有选好，营业员因顾客太多不得不招呼其他顾客，这时女顾客认为自己受到了冷落，大声指责说："你这是什么服务态度？没有先来后到吗？"女顾客的声音显得异常刺耳，眼看一场争端就要开始了，但营业员立刻安排好其他顾客后对女顾客说："不好意思，是我服务不周，店里生意忙，请你原谅。"语调柔和，无比真诚。一下子女顾客脸红了，转而难为情地说："我说话比较急，也请你原谅。"

掌握柔和的语调需要多使用礼貌用语和谦词以表示对对方的尊重之情，禁忌粗言秽语；在句式上多用肯定句，少用否定句；在用词上注意感情色彩多用褒义词、中性词；在语气上做到和婉、谦逊、文雅。

9.2.3　语速尽量适中

说话语速不当会造成表达者表达上和听众听力上的双重障碍。若语速过快，因表达者无法达到换气的生理需求，往往含糊不清，且表达的内容缺乏层次感，经由耳朵传至大脑的信息过于集中，会让听众精神紧绷、应接不暇、顾此失彼，使得听众无法准确获得传达的内容。若语速过慢，像《疯狂动物城》中的"闪电"（角色名）一般，则会让听众感觉烦躁不安。适中的语速能更好地传达表达者的内容。

1. 标准练习

清晰地讲述各个词语对于控制语速有很大帮助，带着让听众听清楚的目标去讲述会让表达者避免吞字或拖长词汇。科学研究表明，每分钟 300 个字是听众最舒适的速度，也会最大限度地让听众接受理解传达的内容。表达者可以不断进行朗读练习，通过记录自己的语速，统计自己一分钟内说了多少个字，计算与科学语速的差距，不断进行修正靠拢。

2. 加入适当的情绪

富有情绪地表达，使表达内容与情绪高度匹配，让表达者的语速更适中。通常兴奋的情绪会加快表达者的语速，消极的情绪则会使语速变缓。表达者需要控制好自身的情绪，揣摩好表达的内容，插入适当停顿，强调关键内容的趣味性与重要性；同时让表达者的语速与倾听者的语速相匹配，恰当把握轻重缓急，抑扬顿挫，让表达者用语速掌握听众的"呼吸"。

9.2.4　注意吐字清晰

清晰的表达是交流的基础，也是提高沟通效率的重要条件。生活中常常有人因为发音不准、吐字不清，影响表达效果，闹出很多笑话，弄得场面十分尴尬。

在颁奖典礼上因为一些明星普通话不好，就闹出过很多乌龙事件。在第16届台湾金曲奖上，王力宏跟黄立行都同时获得某奖项提名，但因颁奖嘉宾的普通话不是很好，"黄""王"不分，将"黄立行"念成"王力行"，使得两名歌手同时上台领奖，场面一度十分尴尬，最终两人只得以拥抱来化解尴尬。

生活中我们还遇到过许多类似的场景，因吐字不清，经常让人哭笑不得。一次一个朋友去菜市场买菜，因为朋友是北方人，在南方一个小城定居，于是跟当地菜场阿姨产生了以下对话。

朋友："老板您这西红柿多少钱一斤？"

阿姨："四（发音同'十'）块钱。"

朋友愣了愣，心想这么贵，跟阿姨还价道："您便宜点卖嘛，我买点，6块钱。"

听了朋友的话阿姨也愣住了，继续说道："四（十）块钱。"朋友见阿姨一分钱不让继续说道："阿姨就7块钱一斤，大家都不容易，我来1斤。"阿姨用无比疑惑的眼神看着这位朋友……

看到这，相信大家都已经笑坏了，阿姨心里也很纳闷，明明一个4块钱的东西小伙子砍价怎么越砍越高，而我那位朋友还在心里嘀咕南方菜价为何如此贵，还有那阿姨做生意咋一点都不知道变通呢。以上两个案例已经充分说明了清晰吐字的重要性，生活中还有很多大大小小的例证，那么我们如何才能做到清晰吐字，字正腔圆呢？

1. 掌握基本功

掌握言语的产生过程是正确发音的基础。前面几个章节中，我们已经从发音器官以及如何运用气息、科学发声方式等方面教表达者正确发音，表达者需要通过不断练习，学会灵活控制发音器官的各种活动，使发出的声音准确、清楚，从而达到矫正自己不良发音的习惯。

此外，要根据普通话练习标准不断正音，矫正自己的方音以及难点音，例如平翘舌练习（z-zh，c-ch，s-sh），鼻音、边音的练习（n-l），前后鼻韵母练习（n-ng）等。同时对不确定的发音养成勤查字典的习惯。

2. 练习听音

发音需要听觉的配合，专业人士认为，对声音的分辨能力是学习发音的基本条件。如表达者的听力不够敏锐，也会影响个人沟通发音的准确性。通过提升听觉能力，清晰分辨语音在音准、音色、音量上的细微差别，能够更有效地进行语音练习。

 课后练习

社交场合中的声音礼仪还有哪些？

◁» 9.3 面试、升职和加薪，用好声音助你闯关

其实不仅是歌手、主持人、演员等需要拥有优质的声音，在日常工作中我们普通人也需要拥有专业的声音。在职场，专业的声音能为我们带来很多便利，为我们的工作"润色"，起到锦上添花的作用。

9.3.1　面试时，哪种声音一听就很专业

有这样一个故事，一个女孩面试几家外企都惨遭拒绝，究其原因竟然是女孩说话嗓门太大。一家外企的人力资源总监甚至认为声音有时候比容貌更重要，因为公司很多业务平日需要跟客户电话联络，而与客户面对面交流的机会并不多，所以她希望员工不仅要有优雅的仪态，还要有优美的声音。声音是文化素养的一种综合体现。那么何种声音是面试官期待的声音呢？

1. 声音洪亮自信

面试官在面试中往往需要通过面试者是否自信、说话是否有底气来判断面试者的实力，面试者沉稳、洪亮的声音可以彰显自身的实力。但很多面试者会因为紧张而导致颤音或因为不够自信导致回答面试官的问题时声音非常小，在面试官面前露怯，让面试官看到自己内心不够成熟的一面，留下生涩、拘谨的印象。

尤其当面试者应聘的岗位是需要以高度专业的形象接触客户的话，例如律师、培训师等岗位，面试官会觉得面试者应变能力太差、不自信、胆怯，因而面试者的胜算也不会太大。试想，假如你作为客户，当面对一个连跟你见面都紧张的律师，即使他专业能力再强，学历背景也非常高，你会完全信任地把案子委托给他吗？同样，假如一个说话声音颤抖或声音极小的培训讲师来给企业管理者做企业管理类课程的培训，你会不会觉得这简直是一场笑话，因为没有人会信服这位培训讲师。

有底气、洪亮的声音重点在"气"上，用胸口（轻咳嗽胸口着力点）支点去主动闭合声带，向下挡气发声，声音就立刻有底气，然后做好打开，共鸣后音量也会增大。这样说话又省力，又高效，

气声转换效率高，共鸣省嗓子，腰腹的支撑感也会有，可以通过扎马步时念"哼""哈"来感受。

2. 发声内容专业

在面试过程中除了声音本身洪亮以外，面试者的发声内容也是体现专业素养的一种。因此要想给面试官留下专业的、深刻的印象，还需要面试者在表达内容中做到以下两点。

（1）了解公司背景

面试一家公司，对公司进行背景了解是前提，它体现了面试者个人的职业规划。其中的主要内容包括了解公司概况、发展历史、企业文化、公司规模、发展方向等，将自己的职业规划、价值观与该公司的企业文化进行高度匹配。这样，当面试官在问及"为何选择我们公司"时能更加从容地回答，也给面试官展现了面试者选择岗位时成熟、理性的一面，这样做更容易获得面试官的认同。

（2）专业与通俗相结合

如果面试者面试的岗位是专业性比较强的岗位，那么可以通过专业性的语言来回答面试问题，最好利用数据或案例，需要言之有物，切忌泛泛而谈。例如，若面试者应聘的岗位是产品经理，那需要利用自己负责过的项目以及数据表现来谈。倘若面试者应聘的岗位是综合管理类岗位，则需要通过案例来阐述自己的相关经验。语言需要专业，在表达上要做到深入浅出，不能过度专业而晦涩难懂。

9.3.2 职场升职记，少不了声音技巧的加持

职场上理想的声音是沉稳干练、低沉而有力。实践证明，这种语调极具穿透力，传达出语言所无法表达的诚恳、热情和自信。这种动听的声音在愉悦听觉的同时，也为说话的人增添了几分吸引

力。时常听到类似的话语："办公室身高不足一米六的上司，工作状态语气干练、专业淡定，一开口气场瞬间'两米八'。"理性的声音能给职场人增添魅力。

1. 磁性的声音更有魅力

很多人在声音形象上存在认知误区，一些女性通常会以为娇滴滴或甜得发腻的声音会更吸引人，但这些声音却不适合职场，甚至会适得其反，给人一种轻佻、做作的感觉。前面我们有介绍过最能给人塑造职业感的理性之声，也可以称为磁性的声音。磁性的声音往往能给人更加可靠稳重的感觉。那么很多人会问：什么是有磁性的声音呢？其实很难界定。你可以说他是陈坤的声音、也可以说是胡歌的声音，或是靳东、陈数的声音。磁性的声音虽然不能具体化，但却有共同的特质——能让人达到最放松的状态。因此磁性的声音也并不仅仅是男性特有的声音，女生同样可以拥有。

2. 发声把握分寸感，是职场修养

言语有温度和情绪，良言暖心，恶语伤人，职场中把握说话的分寸感更能赢得同事、领导的喜爱。古人常说："贵人语迟"，贵人表达时往往需要考虑什么该说，什么不该说，以及该如何表达。而职场中，很多人为了表现自己，往往不经思考，急于表达。首先，未经思考的话有很大的概率会得罪他人；其次，过多的表达会给别人留下"浮躁、不靠谱"的印象；最后，插话、抢答很可能会打断别人的说话思路，引起他人的反感。

 课后练习

你认为专业的声音还有哪些特质呢？

◁» 9.4　微信、电话发声技巧，一开口就留下好印象

在当今社会，随着通信设备的发达，很多人与人之间的第一次接触就是通过声音，如接到快递小哥的电话，接到品牌客服的电话，跟不同办公地点的同事进行音频会议等，你是否也是一个声音控？对未曾谋面的陌生人，会因为对方的声音而不由自主地去假定对方是什么样的人，会因为某个好听的声音想要去认识、了解某个人。

好听的声音往往能够直击人心，我身边有一位朋友，他说当初大学毕业后，他对 Office 软件很不熟练，于是就找了个 Excel 教程，他特别喜欢教程里讲课老师的声音，尽管这个老师从来都没露过面，但是后面他爱上了制作 Excel 表，这可能就是声音的魅力吧。

工作中我们常常需要通过电话、微信与同事或客户交流，之前有一位做销售工作的同事，经常需要与客户进行电话沟通，很多没有需求的客户遇到电话销售往往会直接挂断，但这位同事与客户交谈的时间总是会很长，客户也会毫无保留地夸赞他声音好听，非常专业，也非常信任他，因此他也长期是公司的销售冠军。好的声音是彼此认识的敲门砖，好的声音也往往能起到事半功倍的效果。

9.4.1　电话发声需要避免的误区

在通过电话发声时，人们往往不太注重自己的声音形象，通常会陷入几大误区，达不到"声动人心的效果"。

1. 认为电话只是传递信息的工具

很多人往往认为，只有面对面地交谈才需要注重礼仪，才需要控制自身的情绪。而打电话或发微信语音只是传递信息的方式，对

方也看不到自己是什么样的表情。其实这是一种错误的观念，通过电话或微信语音沟通时更应该注重自身的声音形象。

人天生就有视觉联想和预判，当人们在打电话或语音时，无法根据对方的面部表情来感知对方的形象，那么声音成为对方唯一的信息来源，因为这种获取方式的唯一性，他们对于声音会更加专注、敏感，甚至视觉联想和预判也会被放大。就好比说一个有视觉障碍的人，他的听觉会更加灵敏。

那么想象一下，当你每次接到客服人员的电话时，听着她的声音，脑海里不知不觉地已经形成了一个形象："她是一个温柔甜美的女孩。"同时若她表达流畅、条理清晰、对业务非常熟悉，你就会自然而然地对她所代表的品牌或公司有一个好的印象。同样的道理，若你是代表品牌方与对方交流，通过你的声音对方会想象你是否是一个真诚的人，是否专业，相应的刻画出你的形象从而对品牌作出预判。你的形象就是品牌的形象。

2. 认为只需要把信息传达到就可以了

电话交谈是一个动态的过程，完整的过程是传递——接受——反馈，这样才能起到高效沟通的效果，而通过电话或微信语音沟通时人们往往只是注重传达，而并没有与对方进行互动。

有一个故事是这样讲的，从前有一个秀才去买柴，他对卖柴人说："荷薪者过来！"卖柴人听不懂"荷薪者"（担柴的人）三个字，但是听得懂"过来"两个字，于是就把柴担到秀才面前。秀才问他："其价如何？"卖柴的人不懂这句话的意思，但能听得懂"价"这个字，于是告诉秀才价钱。秀才接着说："外实而内虚，烟多而焰少，请损之。"（你的木柴外面是干的，里头却是湿的，燃烧起来，会浓烟多而火焰小，请减些价钱吧）卖柴的人实在听不懂秀才

的话,担柴走了。

在这个故事中,秀才只顾自己的表达习惯和表达方式,全然不顾对方是否能接受和理解,而卖柴人若能及时与秀才沟通、反馈,最终就双方可能就能达成交易。这则故事告诉我们,沟通中尤其是用电话或微信语音传达时更需要双方及时反馈,才能达到良好的效果。

9.4.2 微信语音、电话发声的礼仪

在日常面对面沟通中有沟通的礼仪,通过微信语音、电话进行沟通也需要注意相应的礼仪。

1. 把握时间

与人微信语音、电话沟通时尽量选择避开对方私人时间,例如上午 9 点至 12 点时间段是较好的,早于 9 点,对方可能刚刚起床在处理私人事情。下午 3 点至 5 点半、晚上 7 点至 9 点时间段比较好,这样不会占用对方的私人时间,会给对方足够的尊重与空间,也提高了沟通的效率。

2. 保持更加积极的状态

通过电话与人交流时,表达者需避免情绪化,保持更加积极的状态,减少音损。积极的状态能让对方受到感染,调动对方的积极性,便于接下来的沟通,提高工作效率。同时注重语气的表达,多使用礼貌用语,保持同理心,多用热情、自信、轻松、明智的语气。

3. 营造对话场景

营造对话场景是使沟通更加形象化、贴切化、让人身临其境的关键。通过营造对话场景,加入适当的手势,有助于表达者用适当

的语速清晰表达，同时也让电话沟通更加充满人情味，沟通内容更加丰富、饱满。

4. 注重说话的基调

沟通是在平等尊重的基础上进行的。表达者自我的定位决定了对方的接受度。倘若居高临下，以粗鲁、命令的方式沟通，必然不会受待见。让声音听起来自信、诚恳，但不是自负。

 课后练习

你在平常的生活中有没有注意微信、电话的发声技巧呢？你认为还有哪些微信、电话发声礼仪呢？

 扫码听声：音频欣赏9

第 10 课
朗读时代，做口才最好的领读者

曹文轩先生曾说："朗读是体会语言之优美的重要途径。"《朗读者》节目的播出，在全国范围内掀起了一股朗读热潮，朗读可以说是对声音的"二度创作"。朗读时运用重音、停连、快读、慢读等技巧，可以很好地赋予文字生命力，增强表情达意的效果。

🔊 10.1　重音呈现：让你的声音更有"味儿"

2016 年 12 月，由黑龙江卫视和腾讯视频联合打造的《见字如面》节目一经播出就受到了广大观众的喜爱，在当今这个传统手写书信逐渐淡去的时代，一档专门朗读旧时书信的节目显得十分难能可贵。很多观众表示，在听一些书信的时候不禁泪流满面，这不仅仅是因为书信本身的内容，更大一部分原因是嘉宾在朗读时进行了艺术化的处理，对重点内容进行了强化处理，朗读时讲究抑扬顿挫，也就更能吸引观众，打动观众。

所谓抑扬顿挫，关键点就在于重音和停顿。无论是日常交流还是登台演讲，能够掌握好语言的抑扬顿挫，不仅能更好地展现讲话者的思想、情感与韵味，也能够更大程度地缓解听觉疲劳，吸引听众。

练声者想要学会如何抑扬顿挫地朗读或演讲，学好重音是非常重要的，本节将对重音的具体内容进行详细介绍。

10.1.1　声音要"提炼"与"二度创作"

准备考试时，我们往往会在书本中圈出重点内容，有时为了强调还会使用不同颜色的笔进行标记，目的是让"重点"一目了然。在播音主持界，"重音"有着同"重点"一样的作用，"重音"也需要非常突出地表达出来，才能让听众很容易注意到。但是重音不能太多，就像复习内容不可能全书都是重点，这就需要我们对"重音"加以提炼，进行二次创作。

学好重音的前提是了解什么是重音以及我们为什么要练习重音。

1. 什么是重音

广泛意义上是指说话或朗读时，需要着重强调的词语、句子等，一般通过增加声音强度来突出。语言学中，重音是指相连的音节中某个音节发音格外突出的现象；而在朗诵艺术中，重音则定义为，为了区别一句话中的重要部分和次要部分，对于那些重要的词或词组加以强调突出。

"一篇稿件，是由许多表达独立意思蕴含一定感情的语句组成的，语句中的词或词组并不处于完全并列、同等重要的地位，其中，有的重要些，有的次要些。对那些重要的、主要的词或词组，播音时，要着重强调一下。一边突出地、明晰地表达出具体的语言目的和具体的思想感情。我们着重强调的词或词组，就是重音。"这是中国播音界泰斗张颂教授给出的关于重音的定义。

2. 重音的作用

总的来说，重音具有聚焦性和辨别性，能够给色彩浓烈、生动深刻的语句增加分量、突出意义。细分来说，重音的作用可以从以下三个方面进行说明。

（1）语法重音

语法重音也叫基本重音，是根据不同类型的语法结构，按照语言习惯自然重读的重音，这与讲话者平时的语言习惯和语言规律有很大的关系。语法重音一方面具有很好的语义指向作用，另一方面对增强语流音变的节奏感也有很大的帮助。

语法重音是由音量大小变化来凸显的，一般来说不具备十分浓烈的强调色彩。

（2）情绪重音

情绪重音也叫感情重音或心理重音，是出于感情的需要，对语句中某些词语、句子加以情感色彩的强调。感情重音在说话或朗读中起到丰富色彩、渲染气氛的作用，使得说话或朗读更富有感染力，也能够更好地打动人心。

感情重音很大程度上取决于讲话者内心的状态，一般来说，感情重音多在表达情绪激动时使用。

（3）信息重音

信息重音也叫强调重音，需要讲话者对即将要阐述的内容进行研究理解，熟知其中的关键信息点。强调重音能够很好地传递关键信息，揭示语言的内在含义。与语法重音相同，信息重音也是通过音量大小变化来实现的，但不同的是信息重音能给人以耐人寻味、难以忘怀的印象。

信息重音很大程度是由于表达目的决定的，信息重音落在不同的语句上，所揭示的含义也就不相同，表达的效果也完全不一样。

10.1.2　重音的分类

一般意义上，按照重音在语句中的位置可以把重音分为以下10种类型，分别是并列型重音、对比型重音、呼应型重音、肯定型重音、递进型重音、转折型重音、强调型重音、比喻型重音、拟人型重音以及反义型重音，以下将对这 10 种重音类型分别进行介绍。

1. 并列型重音

并列关系很好理解，是指在同一属概念之中存在同层次的两种或两种以上的概念，表示两个或多个分句所表达的意思、事件或动作等是平行并列关系，并列状态只有前后之别而无主次之分。

并列型重音同理，是指在说话或朗读时，将语句、段落中有并列关系的词或短语进行同等重读，例句如下。

（1）国旗升起来了，国歌奏起来了，我的心也跟着沸腾起来了。

（2）春雨，像牛毛、像花针、像细丝，密密地斜织着。

注意并列型重音和并列型停连同时存在、同时使用，不能分裂开来。

2. 对比型重音

所谓对比，是指把具有明显差异、矛盾和对立的双方放在一起进行对照比较，突出事物的特征，使事物的形象更加鲜明具体。

对比型重音就是将文章的构思用语言重音表达出来，例句如下。

（1）我爱热闹，也爱冷静，爱群居，也爱独处。

（2）水稻被稻穗压弯了腰，杂草则傲然挺立。杂草说："站都站不直了有啥用？"水稻说："站不直才好呢。"

3. 呼应型重音

呼应简单理解就是一呼一应，表示互相联系或照应。

呼应型重音也是揭示上下文呼应关系的一种有力办法，使文章或演讲稿的层次脉络更清晰，结构更完整。呼应型重音还可细分为分合式呼应型重音和问答式呼应型重音。

（1）分合式呼应型重音

这种呼应型重音在总领起词和并列词上，总领起词和并列词的重音同等重要，例句如下。

①花是那样的红，像西边的落日，像燃烧的火焰，像害羞的少女的脸庞。

②他当过老师，干过水电工，还跑过剧场。

（2）问答式呼应型重音

这种呼应型重音在前呼后应的主要词语上，例句如下。

①除此之外，他还有一个爱好，叫"特技飞行"。

②它还有一个笔名，叫"蓝冰"。

4. 肯定型重音

肯定性词语一般在文章中表达对事物的肯定态度时使用，旨在承认事物的存在或真实性。

肯定型重音中的"肯定"不同于肯定性词语，在这里是作出明确判断的意思。肯定型重音包括两种情况，一种情况是肯定"是什么"；另外一种是肯定"是"或"不是"。

（1）肯定"是什么"，例句如下。

①原来害我受伤的人是他。

②队长，别开枪，是我。

（2）肯定"是"或"不是"，例句如下。

①不要向东走，东边是错误的方向。

②原来他喜欢的人不是你。

5. 递进型重音

递进在文章中常用来表示一个比一个推进一步，一层比一层深入，由浅入深，由表及里。

递进型重音能很好地揭示语言链条的承接性，一般情况下可分为联珠性重音和连续性重音。

（1）联珠性重音，例句如下。

①城墙没了，还有房子；房子没了，还有盔甲；盔甲没了，还有我们自己的身体。

②爱心是云雾，云雾凝成滴滴露珠，露珠聚成条条溪流，溪流汇成片片江海，江海包容亿万温情。

（2）连续性重音，例句如下。

①桃树、杏树、梨树，你不让我，我不让你，都开满了花赶趟儿。红的像火，粉的像霞，白的像雪。

②您见过秦兵马俑吗？有的微微颔首，若有所思，好像在考如何相互配合，战胜敌手；有的眼如铜铃，神态庄重，好像在暗下决心，誓为秦国统一天下作殊死拼搏；有的紧握双拳，用武干练，好像随时准备出征。

6. 转折型重音

转折指事物在发展过程中改变原来的方向、形势等，在文章中可表示语义由一个方向另一个方向转变。

转折型重音出现在转折复句中，通过揭示相反方向的内容变化来表达意图，例句如下。

（1）地震来临时，谭千秋老师张开双臂紧紧地护住四个学生，学生得救了，谭老师却永远倒在了废墟之中。

（2）他翻遍了整块土地，但一丁点金子都没看见。

7. 强调型重音

强调表示特别着重或着重提出，指突出某事或重视某事。

强调型重音则是为了在朗读时突出某种感情，对句子中表达感情色彩的词或语句加以重读，例句如下。

（1）我们是人民解放军，不拿群众一针一线，这是铁的纪律。

（2）为了守护丹顶鹤，黑龙江女孩徐秀娟献出了自己年轻的生命。

8. 比喻型重音

比喻是修辞格的一种，即用跟甲事物有某种相似之处的乙事物来诠释甲事物，将抽象的事物具体化。

比喻型重音是用语言表达将文章中比喻性的词语用重音加以强调，例句如下。

（1）雨中的桃林，没有尘埃，没有鸣噪，幽静得像是仙境。

（2）美妙的小雪花呀，像一只只空灵飘逸的玉蝴蝶，扇动着薄翼，初降人间。

9. 拟声型重音

同比喻一样，拟声也是一种修辞手法，是人在蕴含主观情感下模拟自然界声响，从而产生相类似并能够让他人认同或感知的声音。

拟声型重音一般都是象声词，表达重在传神，例句如下。

（1）他一深一浅地在雪地里走着，脚下发出"咯吱咯吱"的响声。

（2）雨水打在叶面上，吧嗒吧嗒的。

10. 反义型重音

为揭示事物的本质，有时会利用"正话反说"或"反话正说"的写作手法，旨在将要表达的情绪更鲜明浓烈地表现出来。

反义型重音就是将文章中这样的语句用重音加以强调，把赞成或反对的态度更加充分地表现出来，例句如下。

（1）皎洁的明月高挂在淡蓝色的天空中，月光像流水一样泻下来，大地一片银白色。

（2）没有人回答他，也没有人走开。他红着眼睛，像一头发怒的豹子，样子十分可怕。

10.1.3 你的重音存在哪些问题

很多练声者为了使朗读节奏清晰、层次分明，也为了显示自己的朗读水平，一味地加重音，到最后不仅没有显示出自己朗读时的抑扬顿挫，更是导致朗读完全混乱不堪，毫无重点，让人根本没有听下去的欲望。

很多练声者在进行重音的练习过程中，主要存在的问题有以下三个。

1. 重音位置不正确

练声者在朗读时有时会出现弄错重音位置的情况，这是由于事先没有对文章进行预览，无法辨别作者想要表达的重点，该做重音处理的时候没有做重音处理，反而应该一笔带过的部分却进行着重处理。这样就会使得通篇朗读主次不分，听起来也糊里糊涂的，不明白朗读者想要表达的是什么。

2. 重音表现形式过于单一

有一些练声者在朗读的过程中，对所有的重音单单只用加大音量的方式处理，其实并不是所有的重音都能通过加大音量实现，如"就是这样一篇文章，却深深地打动了我们"，这句话中的重音"深深地"就应该使用拖长音节的表现形式，才能更好地将作者的情绪表达出来。

3. 将重音等同于重读

重读就是加重声音朗读，只是用到了加重声音这一表达方法。而重音是有主有次的，主要重音用加重声音来进行朗读处理。总的说来，重读只是重音的一种表达方式，不能等同于重音。

4. 重音使用过于频繁

很多练声者在学习了重音的十大种类之后，认为只要是出现这些情况就都应该进行重音处理。最终导致朗读时全篇都是重音，使得朗读主次不分，没有重点，更无法向听众传递信息。

10.1.4 如何用声音展现重点

重音在整个朗读过程中是非常重要的，它能够很好地传达朗读者的思想感情，也更能够引起听众的共鸣，将气氛渲染到极致。前面对什么是重音，重音的种类以及重音练习中容易出现的问题进行了介绍，那么我们如何正确利用重音来展现声音的重点，更好地完成朗读呢？本节将从以下三个方面进行详细说明。

1. 重音如何确定

很多练声者都知道重音表达在朗读中非常关键，也想要把文章朗读得声情并茂，打动人心，但苦于不知道那些语句该做重音处理，朗读起来也完全主次不分，显得十分混乱。那么该如何确定朗读中的重点语句呢？简单说来，当出现以下五种情况时可以确定为重音并进行相应的艺术处理。

（1）**句子中具有排比性质的语句**。如流沙河所作的《理想》中写道："理想是石，敲出星星之火；理想是火，点燃熄灭的灯；

理想是灯，照亮夜行的路；理想是路，引你走到黎明。"这里的"石、火、灯、路"都是用来形容理想，突出理想的重要性，强调每个人都应该有理想，因此应该重读。

（2）**起到对比作用的语句**。如"海真是个多变的怪物。昨天，满眼好似黄滔滔的浊浪，今天却成了一片无边无际的青翠的草原。"这里将海昨天呈现出的现象和今天所呈现出的县行进行对比，突出海的多变。其中"多变、昨天、今天"应该重读。

（3）**用于传达感情的语句**。如艾青所作《我爱这土地》，"为什么我的眼里常含泪水？因为我对这土地爱得深沉……"这句话文风质朴，却将艾青先生的爱国之情表达得淋漓尽致。其中"为什么""爱得深沉"应该重读。

（4）**使用了比喻修辞手法的语句**。如"党是阳光，普照着神州大地，党是火炉，把全国各族人民团聚在一起。"这句话中将党比作阳光或火炉，应该重读。

（5）**起照应、重复作用的语句**。如鲁迅所作《纪念刘和珍君》中："沉默呵，沉默呵！不在沉默中爆发，就在沉默中灭亡。""沉默"一词反复出现凸显感情，应该重读。

2. 重音如何表达

重音不是简单地加大音量，不同于词的轻重格式，也不是等同于重读。重音更多的是依靠语气、节奏等相互作用实现的。掌握重音的强调方法是练声者需要学习的内容，将重音的外部技巧与内部技巧融会贯通，在朗读时更好地表达思想，抒情达意。

重音的表达主要有以下 3 种技巧。

（1）提高音量，重读重音

这种方法简单来说就是通过控制音量来强调重音，用声音的大小和强弱变化来凸显，朗读重音语句时，增强音量，重音重读。如"让暴风雨来得更猛烈些吧！"

（2）拉长音节，延读重音

这种方法是利用声音的长短、停连和急缓等变化来强调重音，将语句中的重音语句适当性地拖长进行朗读，起到强化作用。如"你们快过来呀！"

（3）虚实相生，轻读重音

这种方法也叫虚实转换法，是指通过声音的虚实变化来强调重音。如"小草偷偷地从土里钻出来，嫩嫩的，绿绿的。园子里，田野里，瞧去，一大片一大片满的是。坐着，躺着，打两个滚，踢几脚球，赛几趟跑，捉几回迷藏。风静悄悄的，草软绵绵的。"这句话摘自朱自清先生的《春》，作者用非常细腻的手法描写了春天的样子，表达出了春天来临时内心的喜悦。在朗读时要注意运用虚实声的变化，尤其是描写"风静悄悄的，草软绵绵的"，用虚声来表达能更好地展现作者内心的欣喜之情。

3. 重音的练习素材

任何理论性的知识都必须学以致用，在学习了如何表达重音之后我们还必须加以运用，来检验自己的学习成果，也为了对理论性的知识加以巩固。以下为练声者提供了一些重音练习的素材。

（1）重音词语练习

长夜漫漫、秋风瑟瑟、血迹斑斑、虎视眈眈、相貌堂堂
生机勃勃、信誓旦旦、天网恢恢、众目睽睽、神秘兮兮

（2）重音句子练习

①晚饭过后，火烧云上来了。霞光照得小孩子的脸红红的。大白狗变成红的了，红公鸡变成金的了，黑母鸡变成紫檀色的了。

②这几个青年妇女咬紧牙，制止住心跳，摇橹的手并没有慌，水在两旁大声地哗哗，哗哗，哗哗哗！

课后练习

挑一篇你最喜欢的短文，标出里面的重音，结合重音的朗读方法进行朗读，让你的小伙伴检查一下读得如何吧！

10.2 玩转语言旋律：提升你的声音特色

音乐术语上的旋律是指若干乐音经过艺术构思而形成的有组织、有节奏的序列，是音乐的首要要素。同样的，语言也是有旋律的。像我们平时听到的京韵大鼓中半唱半白的旋律，戏曲曲艺中道白的旋律，抑或是天津快板中不同趣味的旋律以及其他具有地方特色的各种语言旋律。

语言旋律类似音乐中的乐谱，对练声者来说是至关重要的。好的语言旋律能够给语言注入灵魂和生命力，让我们的朗读更活泼生动，富有弹性，也能让练声者在朗读时抑扬顿挫，节奏清晰。

10.2.1 调值训练：好声音的基础旋律

调值是语言旋律的基础，就是我们俗称的"四声"。在平时生活中，我们在使用手机导航时，或者在机场、车站等公共场所听到的机械式的语音播报，其"四声"都是规范的，但是听上去总是会觉得非常奇怪呆板，这就是因为它虽然做到了声调规范，但是并没有加入任何调值，更无语言旋律可言。

普通话是一种声调语言，读准声调是学习普通话的基础，也是

判断普通话是否标准的重要指标。

为了摆脱机械化的语言，让语言听起来不那么呆板刻意，练声者在练习时需要重视调值的作用，那么什么是调值呢？调值具有哪些分类呢？

1. 什么是调值

调值是声调的实际音值或读法，指声音的高低、升降、曲直、长短的形式，调值如实地记录声调的音高变化轨迹。

《关于朗诵中的调值》讲座中谈道："'五音不全'的人唱歌肯定是不好听了，'五音不全'的人说话和朗诵也不好听。朗诵里的五音不全，指的是普通话的高音位置不够准确，音高位置就是调值。"

需要注意的是，调值只表示相对音高，不表示绝对音高。

2. 调值的分类及表示方法

普通话有 4 种基本的调类，就是我们平时所说的"声调"，即阴平、阳平、上声、去声。行业内通常用"五度标记法"对调值进行表示，如图 10-1 所示。

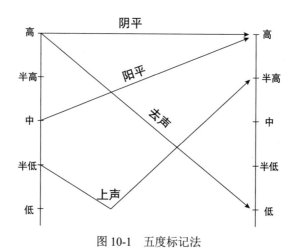

图 10-1　五度标记法

下面结合"五度标记法"，分别介绍这 4 种调值。

（1）阴平调

阴平调的调值最高，为 55。该调值也称为高平调，它最主要的特点是发声时声带一直处于紧张状态，发出的音也是高而平的，如"中、腔、装"等。

（2）阳平调

阳平调的调值为 35。该调值也称为高升调或中升调，从图 10-1 可以看出，它的调值呈上升趋势。阳平调的主要特点是发声时声带逐渐紧绷，且在声音上升过程中不能拐弯，要干脆果断，如"国、婆、学"等。

（3）上声调

上升调不同于其他三个调，它有三个调值，为 214。该调值也称为降升调，起点略低于阳平调，终点略低于阴平调。它的主要特点是发声时声带由略微紧张到立刻松弛，稍稍延长，然后又迅速绷紧，调值也呈现一个拐弯的走势，如"果、朵、爽"等。

（4）去声调

去声调的调值为 51，也称为全降调。由上图可以看出，它的调值呈现一个完全下降的走势，由 5 度的最高点落至 1 度的最低点，发声时声带由开始时的最紧绷到彻底松弛为止，发声时应注意去声调不是直线下降，而是呈斜线慢慢下降，有一定的发音时间，如"话、电、祝"等。

3. 各调值容易出现的常见错误

（1）调值弄混

受方言因素的影响，很多练声者在朗读时容易将甲调值明确错读成乙调值。常常错将阴平调读成升调，如"抹"（mā）读成

má；上升调读成阳平调，如"朗"（lǎng）读成 láng 等。

（2）习惯性读错声调

有些字由于大部分人都读错，反而形成了约定俗成的错误。如"怼"（duì）读成 duǐ，"潜"（qián）读成 qiǎn 等。

针对以上两种错误类型，练声者在平时应该有针对性地进行练习，在练习的过程中感受声带的松紧状态带来的调值变化，更好地控制声带的收紧或放松。另外还应注意发音时不要拖泥带水，应该干脆果断，一气呵成。

4. 调值的训练方法

调值作为朗读的语言旋律的重要组成部分，为了使朗读听起来声声入耳，打动人心，练声者需要掌握好调值这一内容，以下整理了训练调值的三种辅助方法。

（1）手势引导法

小时候学习语文声调的时候老师总会教给我们这样一句口诀："一声平，二声扬，三声拐弯，四声降。"这其实就是调型变化的具体表现。就像交响乐团在演奏时，前面的指挥挥舞手中的指挥棒给各演奏人员以手势提醒一样，在练习调值的过程中，练声者可以根据四声的调型变化特点加以辅助手势，一方面能更好地展现出调值的变化趋势；另一方面对练声者起到一个提示作用，对练习发音更有帮助。

（2）调值对比法

将不同调值进行对比，在练习时加以区分并反复感受不同调值之间是差别是读准调值的一种有效方法。练声者在练习过程中，可采用横向对比和纵向对比的方法，比如阴平调的调值是 55，可将其与 44、33、22、11 进行对比，感受发声时声带的不同绷紧程度，找到发声时最合适的声带状态。

部分练声者受方言的影响，容易将阳平调35和上声调214二者混淆，这就需要练声者在平时加强练习，反复进行对比，拿捏好上升调214先降后升的变化特点。

（3）口型辅助法

通过前面的章节我们都知道，在普通话的发音中，口腔的作用是非常关键的，每一个音节是否标准与口腔开合度、音长等都有密切关系。调节口部开合度能够不仅能够直接影响发音的清晰度，对调值也有一定影响。

调值里谈到的口型辅助法主要分为口腔开合度和紧闭口腔两种类型。练声者在进行训练时，要把握好口腔开合度尤其是韵母单元音的开合度，以免影响音准，同时可以通过紧闭口腔的方式来控制气流，练声者可以通过这种方式更好地感受声音的梯度变化。

5. 调值的训练素材

调值在整个练声过程中，是一个非常关键的因素，调值运用是否准确直接影响我们普通话发音是否标准。针对前面介绍的调值练习方法，这里给大家列举了一些关于调值练习的素材，供大家参考。

（1）词语素材

调值	词　　语
阴平	增加、丰收、星空、精心、乌黑、息息相关、忧心忡忡、声东击西
阳平	实时、昂扬、沉浮、轮船、嘈杂、源源而来、亭台楼阁、严严实实
上声	领导、果敢、缓缓、缱绻、闪躲、有板有眼、岂有此理、躲躲闪闪
去声	力量、趣味、旺季、月亮、愤懑、见利忘义、万籁俱寂、细细碎碎

（2）绕口令素材

山前有个严圆眼，山后有个圆眼严，两人上山来比眼，不知是严圆眼的眼圆？还是圆眼严的眼圆？

东门童家门东董家，童董两家，同种冬瓜，童家知道董家冬瓜大，来到董家学种冬瓜。门东董家懂种冬瓜，来教东门童家种冬瓜。童家董家都懂得种冬瓜，童董两家的冬瓜比桶大。

10.2.2 快慢训练：抑扬顿挫的声音节奏

所谓"快慢"其实就是朗读时的语速，也就是朗读时声音语流的快慢变化以及每个音节的长短以及各音节之间连接的松紧。朗读时语速的快慢将直接影响到整体的表达效果，语速过快会导致听众跟不上节奏或者说全程保持高度紧张的状态，会对听众的大脑皮层过度刺激；语速过慢又会导致听众注意力分散，过于散漫。因此，在朗读时应该做到快慢适度，只有这样才能更好地吸引听众，抒发感情。

下面将对影响语速快慢的因素和如何正确地控制语速两个方面进行介绍。

1. 影响语速快慢的三大因素

通常来说，语速的快慢主要受到三个方面的影响，下面将对此分别进行介绍。

（1）作品

作品的思想内容是决定朗读语速快与慢的决定因素之一。不同的作品应该有不同的语速和节奏，比如一些很通俗易懂的内容适合快语速，但是一些晦涩难懂的内容就需要放慢语速。另外有时在语速放慢的同时，也可以做适当中断处理，这种做法也是俗称的"留白"，这样做的目的是为了充分调动听众的兴趣和想象力。

（2）听众

通常情况下，听众的生理因素和心理因素都会对朗读产生一定的影响，其中包括听众的性别、年龄、受教育程度、知识架构等。

朗读者在进行正式的朗读之前要对现场听众情况进行充分的了解，适当地对朗读进行调整，包括朗读内容以及朗读时的语速、节奏等。

（3）环境

这里所说的环境是指的客观环境，如会场的大小、空间的距离、会场的氛围以及听众的情绪等。

这些也要求朗读者必须具备非常强大的临场反应能力，不断根据现场状况及时调整朗读时的语速，将朗读的效果最大化。

2. 如何正确地控制语速

2017 年年底，一档由中央电视台推出的文化情感类节目《朗读者》与观众见面，以"朗读打动人心"为口号，在全国各地设立朗读亭，着实掀起了一股朗读热潮，广大观众也再一次感受到了主持人董卿的魅力。

其实，这个节目严格意义上来说并不是教大家该怎么去朗诵，里面的朗读者来自各行各业，也没有受过专业的训练，但是他们的朗读依然能够打动人心，除了他们精彩的人生故事外，还在于他们朗读时对朗读语速、语调的控制。

那么在练声或朗读时该如何正确地控制语速呢？一般来说有以下三种情况。

（1）快语速

一般说来，朗读的快语速一般在以下情况适用：文章感情激烈或描述的事态紧急时，如"他看到不远处刚停下来的警车，喊道：'别打啦！别打啦！警察来啦！'"文章内容欢快兴奋或紧张焦灼时，如"快看呀，他真的得了第一名！"文章中部分语句情绪激愤、高亢时，如"中国人民从此站起来了！"在朗读时形容性格豪迈、活泼生动的人物形象时，如《红楼梦》中描写王熙凤出场时"一语未了，只听后院中有人笑声，说：'我来迟了，不曾迎接远客！'黛玉纳罕道'这些人个个皆敛声屏气，恭肃严整如此，这来者系谁，这样放诞无礼？'心下想时，只见一群媳妇丫鬟围拥着一个人从后房门进来。"

（2）慢语速

慢语速更多适用于以下情况：文章表达的感情庄重、平静时，如《悼文》；对一些字词，语句进行解释或强调中心思想时，如"这就是我们今天生活如此幸福的来源！"；在朗读时形容性格懒散、慈祥和蔼的人物形象时，如朱自清先生的《背影》中描写父亲时"我看见他戴着黑布小帽，穿着黑布大马褂，深青布棉袍，蹒跚地走到铁道边，慢慢探身下去，尚不大难。可是他穿过铁道，要爬上那边月台，就不容易了。他用两手攀着上面，两脚再向上缩；他肥胖的身子向左微倾，显出努力的样子。"

（3）不快不慢语速

不快不慢的语速常用在一般的叙述性、说明性、议论性语句，如"尽管这里是亚热带，但我仍从蓝天白云间读到了你的消息，那蓝天的明净高爽，白云的浅淡悠闲，隐约仍有北方那金风乍起，白露初临的神韵。"

10.2.3 停连训练：用留白表达意境的方法

停连指的就是朗读过程中声音的中断和延续，可简单理解为停顿和连读。停连是有声语言的"标点符号"，没有停连的有声语言就如同没有标点符号的文字内容，会让他人感到一头雾水。

朗读时停连不仅仅是朗读者生理上呼吸、换气的需要，更是向听众传达文章信息，表达作者感情的需要。停连在整个朗读中具体有哪些作用，练声者又该如何学习停连呢？

1. 停连的作用

停连作为有声语言的重要因素，有以下四点作用。

（1）对朗读者来说，朗读进行朗读时，不可能通篇一口气读完，需要适当换气、呼吸。停连可以满足朗读者的生理需求，保证朗读更加顺利流畅。

（2）对文章结构而言，将文字内容转化成有声语言时，正如文字内容的标点符号，朗读者在进行朗读时需要根据语句结构，进行适当停读或连读，让朗读听起来更加自然合理。

（3）对表达情感而言，在朗读时做停连处理，能够很好地表达作者写作此文章想要表达的思想感情。

（4）对听众来说，朗读时进行适当的停连处理，能够给听众一个领悟和思考的缓冲时间，帮助听众更好地理解文章含义，也能够充分调动听众的兴趣和想象力，加深听众对此的印象。

2. 停连的分类

根据不同的文章语法、结构，停连大致可分为以下五种。

（1）区别性停连

区别性停连主要指的是在语言表达中为了区分语义，符合听觉习惯的停连。一方面能够表达清晰，避免模棱两可；另一方面，也能够帮助听众理解，缓解听觉疲劳。

（2）呼应性停连

呼应性停连主要指的是对文章前呼后应的内容进行停连处理，保证全篇结构的完整和逻辑的清晰。在朗读时要注意连贯，避免有呼无应或有应无呼。

（3）指向性停连

指向性停连也可理解为强调性停连，在朗读时为了强调词语、句子或层次进行适当的停连处理，有助于朗读时分清层次，文章脉络也能更加清晰。

（4）辨别性停连

辨别性停连很好理解，是为了表现思索、判断进行的停连，有助于帮助听众进行理解，也能够和听众产生一个较好的互动和共鸣。但应注意要避免没有真情实感的走形式的判断。

（5）分合性停连

分合性停连是为了显示语言的结构，类似于文章的"总—分—总"结构，在概括性的语句和并列性的语句上加以停连，有利于整体文章语言链条的完整。

3. 停连的处理

停连作为朗诵非常重要的外部技巧之一，是练声者需要要掌握的，以下是关于停连的三种表达方法。

（1）缓停慢收

缓停慢收是最为常见的一种停连处理方式。缓停多在一段话、一个层面或者一篇文章结束后使用。当文章内容需要就此收住时，声音也要缓缓收住。慢收一般用于比较平缓、松弛的内容。朗读者在朗读时要把握语言节奏，适当停连，当然如果朗读还没结束，思想感情的运动线也就不能断，也就是要"提着一口气"。

（2）快停强收

快停强收也是十分常见的一种停连处理方式。在文章语句内容或感情呈现一个上扬态势时，结尾表达一般采用快停强收方式，此时气息支撑要足够有力，唇舌力量也要给足。快停强收一般在文章内容或情节比较豪放、恢宏时使用。

（3）停后紧连

停后紧连在朗读时给人一种要停不停的感觉，就是我们经常提到的"顿挫"。朗读时进行这种停连处理时，一般不需要特别足的气息，也无须进行深呼吸等，这种停连方式多用在比较舒缓的内容或情节时，适用于一句话或一段话的衔接。

停连作为朗读的必学内容，练声者在平时要多做此练习，掌握停连的分类以及停连如何正确运用，停连运用要恰到好处，避免弄巧成拙。

课后练习

朗读朱自清的《春》，看看哪些地方该快读，哪些地方该慢读？

10.3 有感情地发声："言为心声"才最动人

我国著名现代教育家叶圣陶先生把有感情地朗读叫作"美读"。他曾说道："美读的方法，所读的若是白话文，就如戏剧演员读台词那个样子。所读的若是文言文，就用各地读文言的传统读法，务期尽情发挥作者当时的情感。"可见在朗读时倾注感情对朗读本身来说是多么重要！本节将从三个部分阐述如何有感情地发声。

10.3.1 欲发声，先动情

"动情"一词作形容词时表示为情绪激动，作动词时理解为对人或事物产生爱慕的感情，简单理解就是触动感情。我们说在朗读时要做到声情并茂，其实讲的就是朗读要注入丰富的感情，那么如何在朗读时让听众感受到朗读者的情真意切呢？主要有以下两点。

1. 深入理解作品

朗读者在朗读一篇文章之前，一定要对文章的内容进行正确深入的理解，理解作品的含义，作者想要表达的主要内容、思想感情，甚至要对作品的创作背景进行了解。朗读者只有对作品进行正确并且深入的了解，才能更好地触发自身的情感，同作者形成一个良好的共鸣，才能更好地向听众传情达意，触发听众的思想感情。

如果不对作品进行深入正确的理解，就会把作品朗读得支离破碎，毫无逻辑，甚至还会歪曲作品的思想内容，曲解作者本身想要表达的意图，更不要说触动自身的情感和听众的情感。

2. 真正走进作品

真正走进作品并不单是阅读作品，而是要在正确理解作品的同时仔细感受作品，代入角色，进入情境，让自己动心动情。朗读者只有在事先将自己代入到作品里面，充分地感受作者在作品中倾注的心血和感情，才能更好地在朗读时将作者的心声表现出来。

如果不真正走进作品，首先是朗读者本身无法真切感受文章的深层次含义，其次在朗读时也无法向观众传达真切的感情，给听众带来一种虚情假意的感觉，不能理解朗读想要表达的内容和情感，也无法随着你的朗读了解作品、走进作品。

情感是使朗读完整非常重要的一个组成部分，没有情感的朗读索然无味，无法引起听众的兴趣。朗读者首先自己要对作品足够了解，产生情感共鸣，对作品"动情"，才能更好地向听众传情达意，也就是我们平时所说的"要想感动他人，首先要感动自己"。

10.3.2　巧用想象力，构造画面感

有感情地发声需要对作品进行深入的了解，除了精读原文，往

往需要伴随着丰富的想象。朗读者在朗读一篇文章之前，首先要把握全文的感情基调，比如欢快、忧愁、寂寞、感伤、愤懑、思念等。

比如在朗读《故都的秋》这篇文章时，想要让听众感受到全文悲凉无奈的基调以及作者郁达夫内心深处的爱国之情和无奈之感，那么自己在读的时候，内心就应该是悲凉落寞的状态。想象郁达夫先生在时运不济之时，遭受孩子病逝、国家衰败种种打击，以及作为浙江人在到达北平之后，对故乡深切的思念和对国家动荡的悲痛。比如，在读到"北国的槐树，也是一种能使人联想起秋来的点缀。像花而又不是花的那一种落蕊，早晨起来，会铺得满地。脚踏上去，声音也没有，气味也没有，只能感出一点点极微细极柔软的触觉"这一段时，就要想象自己身处槐花落满地的萧瑟场景，仿佛自己脚下真的踩着满地的槐花，软软的，但也充满了万物萧条的凄凉。

这样才能使作品的内容、场景在自己的心中、眼前活起来，好像亲身经历一般，而且当你全身心投入的时候，你一定是面带感伤去读这一段文字的。

10.3.3　用艺术手段搭建情感桥梁

所谓艺术手段，其实就是前面讲到的朗读技巧。对文章的内容有了深入的理解并赋予丰富的想象，但是如果不能很好地运用外部四技巧即"重音""停连""节奏""语气"，就算不得有感情地朗读。

由于前面内容对表达技巧进行了详细的阐述，这里就简单列举四种朗读时用于增强感情的表达技巧。

1. 重音

前面有讲到重音有 10 种不同的类型，这里的重音主要是为了强调感情，表达情绪而进行着重处理，有力地向听众传达思想感情。

练声者在平时的朗读练习中，要加强这些艺术手段在表达感情时的应用，当然除了合理运用各种艺术手段外，要使朗诵有声有色，还可以使用一些特殊的表达手段，如颤音、笑语、模拟、泣诉等。

2. 停连

停顿有很多种类型，这里谈到的主要是为了表达感情而做的停顿。为了强调某一事物的特殊意义或者蕴含的特殊感情，可以延长或缩短停顿时间；在表达较为复杂的思想感情时，为了引起共情，增强感染力也可稍加停顿。

3. 节奏

节奏是朗读者在朗读时的思想感情的变化所造成的抑扬顿挫、轻重缓急等声音呈现形式。具体来说运用节奏的方法大体上有两个：一是加强对比，通过对朗读内容加以强调，或轻或重，来凸显情感；二是"欲擒故纵"，包括想要快先放慢速速，想要慢先加快速度，想要突出先减弱，想要减弱先突出等。

节奏的运用是非常丰富的，练声者可以通过音高、音强、音长、音重的对比来显现，同时要注意随着思想感情的变化，朗读节奏要随之变化，这样才能称得上有感情的朗读。

4. 语气

前面有讲到语速的快慢对朗读的重要作用。一般来讲，文章的内容决定朗读的速度，轻松、欢快、紧急的内容就要读得稍快一些，如朱自清的《春》；而沉重、庄严、严肃的内容就要读得稍慢一些，如人民日报所刊登的《疫情阻击战交出了一份"中国答卷"》。

 课后练习

朗读《故都的秋》，真切地感受一下作者在全文透露出的思想感情并尝试在朗读中将其表达出来！

 扫码听声：音频欣赏10

第11课
自媒体时代，如何把声音变成钱

在如今这个文字、图片向音频、视频迁移的自媒体时代，通过声音赚钱早已经不再是主持人、播音员才能做的事情，普通人通过声音创造有价值的内容，获取用户关注，也能获得可观的经济收入，实现声音变现。

◁» 11.1　公众号音频变现

提起微信，大多数人固有的思维模式还停留在其沟通交流的功能上。而在图片、文字、信息向视频、音频迁移的今天，我们的微信图文都在不断地被视频、音频替换。很多微信公众号凭借着自己强大的粉丝群体，打造了自己的音频、视频内容，成功创造了声音变现的渠道。

建立、打造个人公众号品牌是实现声音持续变现的重要基础。个人公众号的建立门槛低、便捷，只需个人提供微信号与邮箱即可申请。另外，若个人没有大量的时间和精力去运营个人公众号，那么我们可以根据市场调研，选择与自己声音风格符合的，但还未进行声音展示的公众号进行合作。

11.1.1　公众号音频变现的3种策略

公众号以文章加音频的引领模式，起到了抛砖引玉的效果，打通了声音变现的路径。我们可以通过以下3种方式实现公众号音频变现。

1. 内容变现

内容变现主要包含两方面的内容：语言类和专业类。

（1）语言类

语言类指个人在公众号上展示自己的声音作品，诗文朗诵、配音秀或读书分享等，通过优秀的声音内容加上坚持不断地更新，就可以积累自己的粉丝。若我们的声音足够打动人心，在收获的粉丝中也可能隐藏着合作伙伴，会邀请我们进行后期有关声音内容方面的合作，实现声音的变现。其次，我们可以通过创建自己的声音平台，发布 3 篇原创声音内容获取开通打赏名额，后期通过读者进行内容打赏来获取收入。

（2）专业类

如果个人在某一领域有较强的专业知识或经验能力，可以通过建立个人的公众号，持续分享个人的专业知识与技能，利用知识付费的方式实现声音变现。

2. 引流变现

引流变现是指在个人的声音作品中插入广告，实现流量变现。当个人公众号达到一定影响力之后，相应的广告商、平台会主动要求与其合作，在文中、文末加入贴片广告。当有人点击播放个人音频之后，便能享有广告收入。广告收入的分配方式取决于前期跟平台、广告商的协商。

3. 产品变现

产品变现是指根据个人垂直细分定位，将与自己声音内容相关的产品进行售卖，促成粉丝向消费者的转化，实现声音的变现。通常产品变现对于个人公众号的流量累积要求较高，公众号的粉丝基数越大，黏性、活跃度越高，那么其转化率就会越高，产品变现也会越高。

以上 3 种变现方式都遵循一项原理,即通过公众号加音频的形式,好的声音内容加上公众号的运营,获取粉丝流量,最终达到变现目的。

11.1.2　公众号音频变现案例

公众号利用图文加音频的方式,为声音的变现打开了新的大门。优美的声音与图文通过平台人际互动、信息共享、认知共识、愉悦共鸣的优势,实现了视频、音频时代的发展。以公众号"十点读书"为例从其声音变现模式和声音特点展开分析。

1. 声音变现模式

打开"十点读书"公众号,"投稿合作""免费听书""已购"为其主要的 3 个导航键。打开导航键,图 11-1 为"十点读书"的公众号页面。

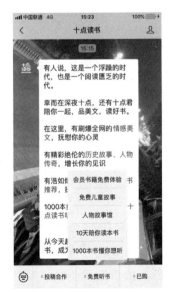

图 11-1　"十点读书"公众号页面

我们可以用好文、好物、好课程来概括其中包含的主要内容，表 11-1 更加清晰直观地解释了这 3 个概念。

表 11-1　好文、好物、好课程概念解释、优势及变现形式

板　块	主　要　内　容	优　　势
好文（图文加音频）	包含美文、好书推荐领读、名家经典、大咖采访、十点电台等	可读性强、传播广、集聚了大量粉丝，并引来广告商植入
好课	各领域专业大咖的精品课程（音频课和视频课）	内容精简，语言活泼生动，各具特色，实操性强
好物	微信商城，包含图书文创、服饰美妆、家居用品	好文听书中推荐的书籍、精品课程（美妆、健身）中推荐的周边产品促成高转化率

"十点读书"是一个比较全面的生态圈公众号，充分展现了声音的多种变现形式。

2. 声音的风格特点

"十点读书"内容丰富多样，但不同的内容却形成了不同的声音风格，如表 11-2 所示。

表 11-2　"十点读书"不同板块的声音风格

板　块	声　音　风　格
好书推荐、领读类	以高音或中高音为主，声音明亮、语调欢快，给人积极向上、励志的感受
情感电台类	以中低音为主，声音温暖舒适，男性声音多充满磁性、女性声音多充满感性抚慰，给人治愈之感
名家经典类	通常以作者的口吻，声音厚重，给人宠辱不惊、丰富的阅历和智慧之感，让人感同身受

3. 语言与内容

不同的内容板块需要主播不同的声音风格。公众号以私域流量

为主，以社交、分享为基础，奠定了不同声音共同的基调，兼具平凡与高雅，生活和艺术。

（1）语言

需要声音传播者用真诚的态度和贴近生活化的语言与受众进行交流，要求亲民化的同时也需高度精练，保证语言的清晰度、穿透性与信息量。既需要摒弃传统艺术的表达形式，也需要起到传播美的作用。

（2）内容

在内容上要求做到平实而深刻，"以事醒人、以情动人、以美愉人"。用小小的故事、个人经历、体验等启发他人。总之一句话就是要求声音传播者用接地气的方式，激发受众的情感体验，获得更好的认知。

以上是对"十点读书"公众号声音变现的介绍，在日常生活中还有众多通过打造个人公众号品牌实现声音变现的案例。

课后练习

你常听的音频公众号有哪些呢？试着选取其中一段进行朗读。

◁ 11.2　主播声音变现

大多数人对于播音方面一直存在着先入为主的概念，谈及电台主播，我们会想到传统广播电视台字正腔圆的播音老师，认为只有这样的声音才能做主播。但其实在互联网高速发展的今天，多样化的需求以及娱乐方式逐渐颠覆了我们传统的认知，越来越多的"声音"逐渐走进了我们的视野，主播就是其中之一。

11.2.1　电台主播声音变现

娱乐大众化为"草根阶层"提供了另外一种声音变现的渠道，大众对于主播的要求不再局限于传统播音员的腔调和主持人的仪态，也不会对其普通话水平做严苛的要求。因此越来越多的人成为主播，对声音内容进行再创作，通过自己有特色的声音与用户进行交流，获得声音变现的收益，实现个人的价值。

1. 电台主播的声音变现方式

电台主播的声音变现方式主要有两种：有声读物和节目类。

（1）有声读物

有声读物主要分为有声小说、情感故事、诗歌美文、朗读名篇等板块。个人可以通过入驻平台，进行有声读物配音，获得收益。喜马拉雅是相对成熟的有声平台，以其为例，教大家走进配音领域。

打开喜马拉雅 APP，点击我的账号，如图 11-2 所示。

图 11-2　喜马拉雅 APP 页面

新人可以直接点选"我要录音"，便会出现"读短文""趣味配音""读长文"等版块供大家选择。如果个人声音温柔，可以选择"亲子儿童"，若声音弹性较大，可以选择"搞笑段子"，声音低沉有年代感，便可以选择"纪录片"等，根据自己的优势和声音风格来选择适合自己的内容板块，如图 11-3 所示。

图 11-3　喜马拉雅配音界面

新人前期通过有规律地在平台发布自己的配音作品，获取听众的关注和喜爱，为自己积攒粉丝和流量，为变现打下坚实的基础。

同时也可以通过平台"创作中心"板块，获得收益，如图 11-4 所示。

点击"创作中心"进入"我要赚钱"，便出现以下声音变现的模式，如图 11-5 所示。

图 11-4　喜马拉雅 APP 页面

图 11-5　喜马拉雅有声制作界面

新人前期，在以上几个板块中，"有声制作"是主要收益来源，因为其他版块对于主播的流量要求相对较高，但随着主播声音的影响度越来越高，便会有广告、电商等要求合作，便能收获更大的收益。

（2）电台节目类

电台节目类主播主要通过打造自己的电台节目，上传至网络与大众分享，电台主要的节目类型、素材来源和注意事项，如表 11-3 所示。

表 11-3　电台主播类型、节目风格内容、素材来源和注意要点

主播类型	节目风格内容	素材来源	注意要点
演播小说型	小说	可由平台提供、个人获取 （1）一般获取渠道有：优质微信号，以及简书、知乎、ONE 等 APP； （2）搞笑段子可以多关注带笑点的相声节目等	（1）版权主要分为文字版权，音乐版权、歌曲版权； （2）一般平台提供的均有版权授权，个人获取的素材可以通过与原作者取得版权授权
情感型	文摘类、故事类		
娱乐搞笑型	搞笑段子		
知识分享型	专业领域知识		

当节目数据表现很好，便可以实现变现。平台会主动找到主播（个人也可以主动找到平台）签订独家协议并为主播发放工资和年薪，另外也可以通过将自己的音频销售给平台，进行效益分成。

11.2.2　直播主播声音变现

这里讨论的直播是指通过平台进行语音直播，音频直播主播与视频直播主播的大体相同，都属于娱乐类型。而音频主播的特色在于无须露脸，通过声音给大众营造美的想象空间。

1. 音频直播渠道

音频直播主播是通过音频与受众交流，达到受众某些情感方面的需求，从而产生声音的价值。

语音直播与视频直播特点相同，都需要依靠平台的大力扶持，新人可以选择与平台进行绑定签约合作，通过平台推送获得稳定用户，建立个人品牌。通过平台接广告植入，或通过平台寻找节目的赞助商和冠名商。

个人也可以自主运营用户和社群。目前，很多平台已经开通了语音直播，表 11-4 罗列了目前市场上一些大型的音频直播平台及优劣势。

表 11-4　音频直播平台

平　台	优　　势	劣　　势
喜马拉雅 FM	内容丰富、用户群体多，月活跃用户数高，变现能力强，平台扶持力度大	用户年龄层次较高，比较理性，有较强的学习目标，打赏的欲望相对较低
荔枝 FM	年轻用户多，玩法新颖，业务聚焦音频直播	用户群体相对较少，主播数量多，面临"僧多粥少"的局面
蜻蜓 FM	月活跃用户仅次于喜马拉雅、荔枝	同荔枝 FM
网易云音乐 QQ 音乐	平台用户基数大，台流量扶持大	平台专注与音乐领域，主播话语权相对较低，分成也较低
抖音	红利期，平台扶持较大，主播分成相对较高	受短视频、直播影响，用户更加侧重于直播
Bilibili（简称 B 站）	平台流量大，以年轻用户群体为主，包容性强	主播门槛较高

2. 音频直播主播的声音变现形式

音频直播的声音变现形式与视频直播都是基于同一个原理。音频直播用声音的魅力吸引用户，积累流量，最终实现流量变现。

（1）平台签约底薪

若个人是通过与直播平台签约方式直播，则平台会根据个人能力、相关条件限制与主播签约底薪。

（2）粉丝打赏

打赏是音频直播变现的主要方式之一。音频直播打赏与视频直播中的打赏方式相同，主播用声音温暖了人心，那自然就会受到粉丝回馈的礼物。这些礼物通过后台折现，按照主播与平台约定的比例分给主播，这样，声音的价值就产生了。

（3）广告收入

个人流量累积到一定数量之后，品牌便会邀请与个人合作，通过个人粉丝效应实现品牌曝光，通过点击量获得收益。同时个人也可以通过品牌提供的赞助以福利的方式反馈给粉丝，增加粉丝黏性。

（4）线下活动

如果个人人气高，气质佳，便可以获得品牌邀请的线下活动机会，获得活动酬劳。

（5）直播带货

个人若在声音领域有充足的关注量且粉丝黏性高，便可以通过直播带货相关领域产品，实现产品收入。例如樊登直播带书。

（6）比赛解说和奖金

若音频主播为游戏主播，还可以获得大型赛事解说的奖金。

课后练习

找到你最擅长的领域对应的平台，尝试开一个账号，进行一场音频直播。

11.3 短视频配音变现

随着网红经济的出现，短视频应运而生，通过短视频加个性化的配音方式，使得更多创作内容以更加娱乐化、大众化的方式走进大众的视野，丰富了大众的视觉，陶冶了情操。个性化的短视频配音给更多声音创作者开辟了广阔的二次创作空间，好的声音也可以通过短视频配音实现声音变现。

11.3.1 短视频的优势及特点

短视频配音是达到短视频表达效果的重要手段，没有了配音，短视频将会黯然失色。因此只有当短视频配音者对短视频的特点、优势有充分了解，才能目标清晰、更好地发挥声音特色，达到更好的表达效果。以下是短视频的优势、特点介绍。

1. 时间短，利用碎片化时间

"短视频"，顾名思义，视频内容的时间较短。在当今这个快节奏的时代，短视频用其简短的内容吸引了大众的眼球。大多数人习惯用碎片化的时间去浏览，用很少的精力获得片刻的愉悦。在饭后茶余、午休的时间、上下班的时间观看自己感兴趣的短视频，打发无聊的时间。

2. 能满足用户多样化的心理需求

短视频内容形式多样，可以是 Vlog，记录个人的生活，也可以是搞笑的视频集锦，还可以是经典的影视剧片段，但不论是哪种形式，都需要能满足用户某一时刻的心理需求。很多独自在外打拼的人，偶尔会感到些许孤独，有时找不到倾诉对象，此时打开别人的生活 Vlog，看看别人的日常，听听别人对生活的感悟，或许能找到共鸣，获得心理安慰，再次出发。

3. 内容短小精悍

短视频内容精炼、生动、丰富。通常创作者在进行内容创作时已经将相关内容进行了一次筛选，因此传递给用户的往往都是质量较高的内容。例如，某部影片或电视剧，不可能全部内容都是精华，耐人寻味的永远都是一些经典片段，当再次想重温某个经典片段时，短视频恰好能满足用户。对经典影视片段的剪辑，减少了用户筛选的时间。同样，每段视频都有一个主题，巧妙地让用户避开了自己不感兴趣的内容。影片的推荐解说，让用户在最短的时间里看完一部剧。

4. 传播速度快

短视频制作门槛较低、制作时间较短，便于短视频的快速传播。其次相比于图文，短视频更容易被用户接受和理解，即使文化程度不高，也基本都能理解其所表达的内容。

5. 内容更加大众化，便于交流

传统的文化、艺术在表达形式上相对来说比较曲高和寡，互动性不强，而短视频内容更加自然、亲民，使得用户在轻松的氛围中感受美或获得知识、经验或感悟。

6. 展示效果更加立体直观

短视频集文字、图片、音乐、感知为一体，相较于单纯依靠文字、图片或音频某一种的表达形式会更加立体直观，内容也更加饱满，充分调动了我们的听觉、视觉感官，能达到更好的效果。

11.3.2 短视频的配音形式

短视频的配音种类有很多，可以是经典影视剧目的再创作、个人视频内容的创作、解说，也可以是商业广告的配音，运用某种方式达到耐人寻味的效果。因此短视频的配音便围绕短视频内容展开。

1. 影视剧、动漫的台词配音

这种类型的配音主要是对口型类的角色配音。对于个人的要求较高，需要声音弹性好，情绪表达到位，包含角色呼吸节奏等。图11-6为个人为某个影视片段的配音界面，其较高的声音还原度、情绪的准确拿捏，不得不让人惊叹。

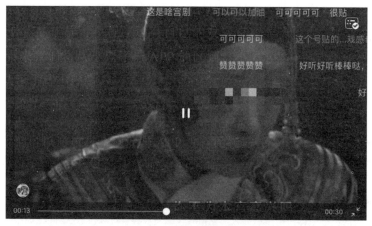

图 11-6　影视剧配音界面

图 11-7 是一张个人配音《白雪公主》老巫婆的画面，配音演员居然是一位男士，他的嗓音惊艳了所有人，所有弹幕都是"厉害""天呐，听得我鸡皮疙瘩都起来了""感觉比原声还要厉害"。

图 11-7　《白雪公主》片段"老巫婆"配音

动漫配音对于配音演员创作要求较高，没有现实参照，配音员通常需要通过自己的凭空想象去塑造一个角色，角色的形象成功与否完全依靠配音演员对声音的创造。

2. 影视解说

影视解说，是通过影视片段的剪辑，配音员以讲故事的形式，将一个完整的影视剧以高度精练的语言概括给用户。电影市场广阔，解说员在选取影视题材时比较考究，需要迎合用户的口味。像谷阿莫[①]这类早期电影解说，是最早吃到短视频红利的解说账号。截至 2020 年 12 月，谷阿莫微博账号粉丝已经达到了上千万。图 11-8 为谷阿莫的某影片解说画面。

---

① 谷阿莫：中国台湾网络红人，凭借其作品使观看者可以快速了解电影剧情，并穿插个人的诙谐评论而闻名。

图 11-8　谷阿莫的某影片解说画面

3. 视频片段的再创作

视频片段的再创作是通过影视片段，或其他视频片段，根据个人的需求重新配上想要表达的台词、或更改配音语言，运用视频的某种表达内容达到特定的表达效果。图 11-9 为某创作者互换角色的声音，并再次配音的画面。

图 11-9　某创作者互换角色的声音,并再次配音的画面

这种类型的配音，多以幽默诙谐的风格为主，只要你有足够的创意，那么就可以用你的声音赚钱。

4. 广告台词

广告台词主要是通过短视频中的人物以念广告的形式实现品牌的推广。短视频已经成为各大商品的一个重要推广渠道，通过短视频中的人物对商品的介绍、宣传，提升用户对品牌的认知、喜爱，最终达到用户购买商品的目的。短视频广开门路，除了传统意义上的广告配音，用声音变现，若我们有足够的创意，也可以利用短视频进行广告植入，最终获得品牌青睐，实现声音变现。

11.3.3 短视频配音实用技术

艾媒数据显示，2019 年，中国短视频用户已达到 6.27 亿人，2020 年将达到 7.22 亿人。相当于有一半的中国人会看短视频。

短视频时代，声音中存在着巨大的商机和机会，声音的变现是可操作且可复制的。

1. 配音基础训练

除了本书前几个章节中的基础练声方式，我们还需要掌握配音演员的基本训练要求。这样才能用我们的声音塑造"声动人心"的角色。

（1）熟悉"剧本"

这个"剧本"是指在配音之前，我们需要了解配音作品的时代背景，包括故事发生的年代、当时所处的环境等，理清故事风格、故事情节以及原片所要表达的思想内容，了解片中的人物关系、地位和人物间的感情，分析原片的语言风格。

例如，若要给《红高粱》中的人物配音，那么配音员必须首先了解影片的时代背景是以 20 世纪三四十年代高密东北乡的民间生活为背景，剧中的语言比较口语化，还夹杂着方言，故事塑造的是抗日英雄的硬汉形象，所以主人公充满正义和野蛮，倔强而勇敢。配音员需要对剧本有充分的了解，才能更好地塑造语言风格。

（2）熟记台词

台词记忆是配音员的基本修养，烂熟于心的台词经过不断地打磨推敲才能逐渐成为配音者自己的语言，有助于配音员更好地诠释角色。影视作品中的每一句台词都是经过编剧精打细磨、仔细推敲的，哪怕一个标点都代表人物的情绪表达，由此可见台词的重要性。因此，配音员熟记台词是完美塑造角色的第一步。

被大众熟知的琼瑶阿姨，跟她合作的演员表示，拍摄她的作品时，作品中的台词是不允许改动的，哪怕是一个字也不可以，因为琼瑶阿姨本身就是一名作家，她有自己独特的语言风格，作品中的每一个台词都互相成就，缺一不可。

（3）调整声音状态

播音、主持都需要辅以舞台效果，但是影视剧配音却不一样。首先，影视配音状态需要松弛自然，这样有利于配音者进行声音创作。其次，舞台效果往往强调与观众互动，需要故意拉长字音、提高音效、适度夸张，但配音员配音以塑造人物角色为主，若利用这种声音则会显得极其不自然，甚至有夸张、做作之感。最后，声音状态的松弛自然不代表声音不受控制，若四声混乱，吐字含混不清，则往往达不到效果。

（4）模仿对口型

模仿是所有配音演员进行配音的关键一步，很多配音"大咖"都是从对口型模仿开始。选取简单的、有代表性的作品进行模仿，不断地积累，增强自己的配音功底。但切记，模仿不是终极目的，在模仿中找到自己的声音特色，"举一反三"，

达到能自如控制的效果。

（5）丰富想象

影视作品的演员往往真实面临某个场景，而配音员通常在配音室工作，因此配音员需要拥有丰富的想象力，将自己置于所塑角色的场景中，达到身临其境的效果。假如配音片段是在茫茫辽阔的大草原，那么配音员需要有较强的空间意识，感受置身于草原时的情绪状态进而发声。

（6）情绪表达

配音不是简单的台词朗读，配音市场的空间之所以如此之大，没有被先进的人工智能取代，其中最重要的就是情绪表达。配音员需要不断深挖角色行为本质，紧紧围绕角色的感情线，吃透角色的心理变化，做到情感连贯、真实，这样塑造的角色才会有感染力。

季冠霖在给甄嬛角色配音时，有很多表达强烈情绪的情感戏片段，因入戏太深，她几度哭昏了过去。角色的高度还原，情绪的充沛表达，塑造了一个经典的角色。

（7）善用气口

角色塑造中难的部分，可能不是情感的爆发，而是隐忍、克制、转换、渗透，如何用无形的声音去演绎角色的情感变化，是配音员的必修之课。倒吸气、无奈时的长吁短叹，奔跑后的喘息、低笑窃语、哼哼唧唧等都需要配音员学会使用气声。气声来源于生活，需要善于发现和观察，感受生活中的细微，优秀的配音演员能细致地展现出吞咽冷食物和热食物不同的含混声音。

（8）借用工具，贴合人物行为动作

很多时候配音员需要借助某些工具来达到某一发声效果，用含一根筷子来达到剧中咀嚼的效果，用围巾包裹身体来模拟剧中角色的动作、状态。这些工具不是固定的，通常需要配音员在配音练习中不断找寻适合自己的方法。

配音是集声音、表演、导演一体的综合技巧，配音员需要充分了解影视方方面面的知识，并不断地实践积累才能达到炉火纯青的技艺。

2. 短视频的声音变现渠道

一部短视频中影视片段的配音价格是根据字数来计算的，个人的声音质量和流量的不同，导致价格不等，这是传统的声音变现方式。如果你是一个富有创意的人，还可以通过创意短视频作品吸取粉丝流量，最终实现流量变现、广告变现。其中声音的所有变现原理都遵循一个底层逻辑，即通过流量变现。上文有详细介绍，在此不一一赘述。

个人可以通过两种方式进入配音圈，其中一种是专业的影视配音，另外一种属于创意型，渠道如表 11-5 所示。

表 11-5　进入短视频配音圈的渠道

短视频种类	进 入 方 式
专业影视配音	（1）参加声优培训班，进行比较系统的声音训练，会有行业师傅带你入行，目前国内比较好的声优培训班有音熊联萌、冠声学院、北斗企鹅等； （2）参加声优比赛，目前一些社会机构和高校通常会举办一些声优比赛，可以通过社交媒体密切关注相关赛事，带上自己的作品精心准备参加比赛； （3）应聘声优，通常 QQ 群、微信、贴吧、论坛搜索相关关键词，找到相关的工作室，但消息的真实性需要自己甄别，谨防别骗
创意短视频	（1）通过发布自己的创意配音视频在各大网络平台获得关注和流量，只要视频足够有创意就能获得金主的关注，进而产生合作； （2）在配音秀、小咖秀等 APP 中上传自己的作品，通过粉丝送礼物实现变现

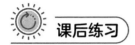 课后练习

根据所学，利用配音秀上传一个自己的配音作品。

11.4　小程序变现

在信息化不断发展的今天，发掘新的市场，占领市场才能赢得新的发展机遇。小程序依托微信这个强大的流量池，利用其天然的社交属性，通过分享、推广、裂变不断积累用户，商家借助小程序，使得品牌得到了推广，增加了销售的机会。作为新的商机入口，我们也可以借助小程序实现声音变现。

11.4.1　带你了解小程序

在日常生活中，大多数人可能对于 APP 的了解更多，对于小程序则比较陌生。很多人可能也会有疑问，随着手机时代的到来，APP 的普及程度如此高，只要有智能手机，必定会下载 APP 应用，APP 就好像是智能手机的必需品一样，小程序还有自己的发展空间吗？带着这个疑问，接下来我们将从小程序与 APP 的区别、小程序的优势两方面来带你认识了解小程序。

1. 小程序与 APP 的区别

小程序不同于 APP，我们可以通过将小程序与 APP 进行比较，发现两者的差异和优缺点。小程序与 APP 的比较如表 11-6 所示。

表 11-6　小程序与 APP 的比较

比较维度 类型	开发周期	发布时间	功能	占用空间	获取渠道	下载安装	推广难度
小程序	平均开发周期为 2 周	只需提交到公众平台审核，审核周期较短	接口比较有限	可忽略不计	搜索或扫二维码	无须安装	简单、便捷，推广难度较低
APP	一款完善的双平台 APP 平均的开发周期约为 3 个月	需要应用商店审核，每个商店审核时间不一	可以实现完整功能	一直存在与手机内存中，会导致手机内存不足	需要下载	安装于手机内存	推广难度较大

　　看完以上 APP 与小程序的对比，我们可以作一个不太恰当但很直观的比喻，小程序就好像在市场卖东西的摊位，可以随意进出，而 APP 就像是一个办理了会员的店面，对于店铺来说成本较高，对于消费者来说由于某些方面的顾虑，我们不会像在摊位一样随意进出。

2. 小程序的优势

　　小程序有如下几大优势。

　　（1）成本低

　　省钱是指小程序开发成本低、使用成本低。用前面的例子，APP 就像是精装修的店铺，装修费用，房租成本都较高，不太迎合声音变现者的最初目的。

　　（2）使用方便，缩短了变现过程

　　小程序无须下载，方便了用户使用，试想，一般碰到别人让我们下载 APP，如果不是自己的真实需要，碍于麻烦和占空间，我们便不会下载，这样实际上就失去了潜在用户。而小程序直接通过扫码或微信搜索直接使用，使用完之后也不用管理，为用户带来了方便。

（3）实现裂变

小程序可以通过用户介绍、分享获得返点，这样用户分享可以获得收益，增加了用户帮助推广分享的动力，通过不断裂变，收获巨大效益，同时也增加了粉丝黏性。小程序对于声音变现来说无疑是一个巨大的市场。

11.4.2　如何利用小程序实现声音变现

通过以上内容的介绍，我们对于小程序的特点、优势有了一定了解。如果说将小程序比作一款产品，上一节的主要内容在于介绍产品，那么这一节的内容就是一款产品说明书，旨在教我们如何用好这款产品，打开小程序的说明书，带你进入声音变现的实用步骤。

1．小程序的开通渠道

个人一般可以通过两种方式开通小程序：付费开通和通过花少量的钱开通。各自优缺点如表 11-7 所示。

表 11-7　小程序的开通渠道及优缺点

小程序的开通渠道	优　　点	缺　　点
请专业团队开发属于自己的小程序	（1）功能私人定制； （2）私域流量，获客流量自享； （3）一次开发，永久使用； （4）结算方便，不走三方平台	费用高昂
利用企业提供的小程序商城建立个人小程序	费用相对来说较低	会有一些免费套路，有的平台鱼混杂，可能遇到售后质量差，体验感差的平台，变现会支付相应费用

　　对于初期想做声音变现的人来说，一般比较推荐通过企业提供的小程序商城来建立自己的小程序，"天下没有白费的午餐"，在使用过程中，大多数平台都需要支付相应的费用，需要我们去甄选优质的平台，从小程序使用的体验感，如流畅程度、售后服务等方面去选择相应平台。但如果我们是一个想将声音变现规模化，长期致力于声音方面发展的，也可以根据自己的实力选择专业公司开发打造自己独一无二的小程序。

2. 个人如何在小程序商城搭建小程序

　　目前，搭建小程序的平台有轻栈、微盟云、有赞、轻芒、凡科、序多多等平台。以轻栈为例，为大家演示如何搭建自己的小程序，如图 11-10 所示。

　　个人通过网站提示利用手机号码注册，然后得到图 11-10 的界面，首先在右上角根据提示进行实名认证。

图 11-10　搭建小程序实名认证页面

　　实名认证后，然后进行主体认证，如图 11-11 所示（点击右上角第三个图标）。

图 11-11　搭建小程序主体认证页面

　　个人根据实际需求选择"个人用户""企业/组织用户""海外用户"中的任意一个,根据提示完成主体注册,如图 11-12 所示。

图 11-12　选择"个人用户""企业/组织用户""海外用户"主体注册界面

　　以上是实名认证和个人主体认证,在这两个步骤都完成后,开始搭建小程序,如图 11-13 所示。

图 11-13　轻栈小程序搭建页面 1

点击"智慧链接"，再点击左侧"微信"出现以下界面，如图 11-14 所示。

图 11-14　轻栈小程序搭建界面 2

接下来点击"添加小程序"出现以下界面，如图 11-15 所示。

图 11-15　轻栈小程序搭建页面 3

点击"线下门店绿色通道注册小程序",根据提示就完成搭建了。在搭建完成后,还可以在首页面的"Design Lab"中设计小程序,如图 11-16 所示。

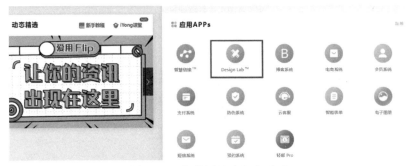

图 11-16　轻栈设计小程序页面

按照自己的需要来进行设计小程序界面,可以上传图片,编辑文字等。以上就是通过平台搭建自己小程序的步骤。

3. 运营自己的小程序

搭建完变现平台,做好运营才是实现声音变现的关键。我们将从 4 个方面教大家做好运营,助力声音变现。

（1）拒绝烦琐,简化功能

小程序中有很多模板,很多人企图以此建立一个大而全的功能,可能会选择不断堆砌应用,效果不然。使用一款程序,个人应该遵循利用它的最大优势,例如,大众选择淘宝就是为了通过它进行购物,选择当当就是为了通过它购买书籍,程序运用也一样,商家绝不可能利用当当网去营销自己的服饰。通过前面小程序与 APP 对比,小程序最大的优势就是简单,利于用户操作,因此个人在运营自己的小程序时也应该秉承简单、便捷的原则,删除多余功能,明确自己的终极目的,让用户能够用最便捷的方式操作。

（2）凸显关键词，增加曝光率

罗列出声音相关的关键词，例如配音、录音、声音、声音大咖等，这样可以让客户直接通过关键词的搜索就能成功找到你，增加个人的曝光率。

（3）想想用户喜欢什么样的声音

运营需要站在用户的角度，根据产品的定位和受众，思考用户喜欢什么，进而提供相应的产品，这样才能达到好的运营效果。假如我们想要从事影视方面的配音工作，那么面对的用户就是影视公司等，要想在小程序上实现声音变现，我们就可以设计一些影视项目的优秀配音作品，做到有的放矢，就可以吸引用户在我们的小程序里停留，增加变现的机会。

（4）上传声音作品，打好声音"招牌"

大多数小程序都有文件上传的功能，个人可以通过此功能上传优秀的声音作品，就跟一家店的招牌一样，这样若有客户找你，可以通过听你的声音作品来了解个人的声音特点、风格等，增加成交的可能。就好比在淘宝店铺中，女装卖家若提供真实而美丽的穿搭照片，相比无实拍图的店铺，买家会更加倾向于前者，这样增加了成交的概率。

4. 利用可以接单的平台

以上是个人运营小程序需要注意的地方。一些人可能觉得自己没有时间、精力去经营自己的小程序，那么也可以找现有的变现渠道，即找可以接单的小程序平台。例如，在微信小程序中搜索配音，便会出现相应的小程序，通常小程序上都有平台的联系方式，可以供我们与平台联系，这样就有机会获得平台方给到的配音注册页面。按照提示进行注册和优秀作品的上传，就有可能获得接单业务。

 课后练习

　　利用所学知识，尝试搭建一个属于自己的小程序吧。

 扫码听声：音频欣赏 11